Tahar Boumzough

L'EPANOUISSEMENT DE SOI

Tahar Boumzough

L'EPANOUISSEMENT DE SOI

Comment développer son potentiel et trouver le bonheur en soi-même

Éditions Vie

Imprint
Any brand names and product names mentioned in this book are subject to trademark, brand or patent protection and are trademarks or registered trademarks of their respective holders. The use of brand names, product names, common names, trade names, product descriptions etc. even without a particular marking in this work is in no way to be construed to mean that such names may be regarded as unrestricted in respect of trademark and brand protection legislation and could thus be used by anyone.

Cover image: www.ingimage.com

Publisher:
Éditions Vie
is a trademark of
Dodo Books Indian Ocean Ltd. and OmniScriptum S.R.L publishing group

120 High Road, East Finchley, London, N2 9ED, United Kingdom
Str. Armeneasca 28/1, office 1, Chisinau MD-2012, Republic of Moldova, Europe
Printed at: see last page
ISBN: 978-613-9-59244-9

Préface :

Cher lecteur, chère lectrice,

Je suis ravi de vous présenter ce livre sur le développement personnel. Dans cet ouvrage, nous allons explorer ensemble les différentes facettes du développement personnel, ainsi que les différentes méthodes et techniques pour améliorer votre vie et atteindre vos objectifs personnels.

Le but de ce livre est de vous fournir des outils pratiques et des connaissances pour vous aider à mieux vous comprendre vous-même, à découvrir vos forces et vos faiblesses, et à utiliser ces connaissances pour améliorer votre vie. Nous allons aborder des sujets tels que la conscience de soi, l'acceptation de soi, la gestion des émotions, la confiance en soi, la communication efficace, la créativité et la prise de décision.

Je suis convaincu que ce livre sera une ressource précieuse pour vous aider à atteindre vos objectifs personnels et à vous épanouir dans votre vie. En lisant ce livre, vous apprendrez à mieux vous connaître et à utiliser des techniques éprouvées pour améliorer votre vie.

Je vous souhaite une bonne lecture et je suis impatient de vous accompagner dans cette aventure de développement personnel.

Cordialement,

Tahar Boumzough

Introduction :

Nous vivons dans un monde en constante évolution, où les défis sont nombreux et les pressions sont grandes. Dans un tel contexte, il est facile de se sentir submergé et dépassé par les défis de la vie quotidienne. Mais heureusement, il existe des outils et des techniques pour vous aider à gérer ces défis et à atteindre vos objectifs personnels.

Ce livre est conçu pour vous fournir ces outils et ces techniques. Nous allons explorer ensemble les différents aspects du développement personnel, et vous donner des conseils pratiques pour améliorer votre bien-être émotionnel et atteindre vos objectifs personnels.

Nous allons nous concentrer sur le développement personnel, vous donner des conseils pour vous aider à améliorer votre communication, votre confiance en vous, votre gestion du temps et votre créativité. Nous allons également examiner comment vous pouvez utiliser la prise de décision pour atteindre vos objectifs personnels.

Enfin, tout au long de ce livre, nous allons vous fournir des outils pratiques pour améliorer votre pleine conscience, votre relation à vous-même et votre relation aux autres. Ces outils vous aideront à mieux vous comprendre vous-même et à mieux interagir avec le monde qui vous entoure.

Je suis convaincu que ce livre sera une ressource précieuse pour vous aider à atteindre vos objectifs personnels et à améliorer votre bien-être émotionnel. En lisant ce livre, vous apprendrez des techniques éprouvées pour gérer les défis de la vie quotidienne et atteindre vos objectifs personnels. Un livre de poche ou de chevet, pratique et efficace à mettre en application et auquel vous pouvez revenir chaque fois que vous en sentez le besoin.

Ce livre de développement personnel offre des outils pratiques et des connaissances pour améliorer votre vie et atteindre vos objectifs personnels.

Dans la première partie, l'auteur explore les différentes causes de stress, d'anxiété et de dépression, et fournit des méthodes pour gérer ces défis. Il aborde également la façon dont les pensées négatives peuvent affecter votre bien-être émotionnel, et propose des techniques pour les gérer.

Dans la deuxième partie, l'auteur se concentre sur le développement personnel et offre des conseils pour améliorer votre communication, votre confiance en vous, votre gestion du temps et votre créativité. Il examine également comment vous pouvez utiliser la prise de décision pour atteindre vos objectifs personnels.

Tout au long du livre, l'auteur vous fournit des outils pratiques pour améliorer votre pleine conscience, votre relation à soi-même et votre relation aux autres. Ces outils vous aideront à mieux comprendre vous-même et à mieux interagir avec le monde qui vous entoure.

En lisant ce livre, vous apprendrez des techniques éprouvées pour gérer les défis de la vie quotidienne et atteindre vos objectifs personnels. C'est une ressource précieuse pour améliorer votre bien-être émotionnel et votre qualité de vie.

C'est quoi l'épanouissement de soi ?

L'épanouissement de soi ou le développement personnel est un processus par lequel une personne travaille sur elle-même pour acquérir de nouvelles compétences, de nouvelles connaissances, pour améliorer ses habitudes et attitudes, pour mieux comprendre ses émotions et ses motivations, pour mieux communiquer, pour développer sa créativité, pour mieux gérer son temps et ses priorités, pour se fixer des objectifs et pour améliorer sa qualité de vie. Le développement personnel peut être considéré comme un voyage intérieur, une exploration de soi-même, de ses valeurs et de ses croyances, qui vise à renforcer sa confiance en soi, sa résilience, sa capacité à surmonter les défis de la vie, et à trouver un sens à son existence. Le développement personnel peut être motivé par différentes raisons, telles que l'amélioration de la santé mentale et physique, l'amélioration des relations avec les autres, l'accomplissement de soi, la recherche du bonheur ou du sens de la vie, ou encore la recherche de la réussite professionnelle et financière. Il existe de nombreuses méthodes et pratiques pour développer son potentiel personnel, telles que la méditation, la pleine conscience, la thérapie, le coaching, la lecture, la formation, la pratique d'un sport ou d'un art, ou encore l'engagement dans une cause sociale ou environnementale.

Quelles sont les différentes étapes de développement personnel ?

Il existe de nombreuses théories et modèles sur les étapes de développement personnel, mais voici une présentation générale des étapes les plus courantes :

1. Conscience de soi : la prise de conscience de ses pensées, émotions et comportements, ainsi que de l'impact qu'ils ont sur soi-même et sur les autres.
2. Acceptation de soi : l'acceptation de ses qualités et de ses défauts, de ses limites et de ses besoins.
3. Développement de compétences : l'acquisition de connaissances, de compétences et de ressources pour atteindre ses objectifs et réaliser ses aspirations.
4. Élaboration d'un projet de vie : la définition de ses valeurs, de sa vision et de ses objectifs pour construire un sens à sa vie.
5. Développement de la relation à soi-même : la capacité à être en paix avec soi-même, à s'aimer et à se respecter.
6. Développement de la relation aux autres : la capacité à établir des relations saines, à communiquer efficacement et à interagir avec les autres de manière constructive.
7. Développement spirituel : la recherche de sens, de transcendance et de connexion à quelque chose de plus grand que soi.
8. Contribution à la société : la volonté de contribuer positivement à la société, à travers des actions altruistes ou des engagements sociaux.

Il est important de noter que ces étapes ne sont pas nécessairement linéaires et peuvent se chevaucher ou se répéter à différents moments de la vie.

La conscience de soi :

Il existe différentes méthodes pour développer la conscience de soi, et il est important de trouver celle qui convient le mieux à chaque individu. Voici quelques exemples de méthodes pour développer la conscience de soi :

1. La méditation : la méditation est une méthode populaire pour développer la conscience de soi. Elle permet de se concentrer sur sa respiration, de

prendre conscience de ses pensées et émotions, et de cultiver une présence consciente dans l'instant présent.

2. L'écriture : prendre le temps d'écrire ses pensées, ses sentiments et ses émotions peut aider à mieux se connaître soi-même et à prendre conscience de ses schémas de pensée.
3. Le journal de gratitude : tenir un journal de gratitude peut aider à se concentrer sur les aspects positifs de la vie et à développer une attitude de gratitude, ce qui peut renforcer la conscience de soi.
4. La thérapie : la thérapie peut aider à prendre conscience de ses schémas de pensée et de comportement, et à développer des stratégies pour les modifier et mieux se connaître soi-même.
5. L'auto-observation : prendre le temps de s'observer soi-même, d'écouter ses pensées et de ressentir ses émotions peut aider à mieux se comprendre et à développer une plus grande conscience de soi.

La méditation :

La méditation est une pratique qui consiste à se concentrer sur un objet, une pensée ou une activité pour atteindre un état de conscience profond et de calme mental. Il existe différentes formes de méditation, qui peuvent inclure la concentration sur la respiration, l'observation de ses pensées ou sensations, ou la répétition de mantras. La méditation est souvent associée à des pratiques spirituelles ou religieuses, mais elle peut également être pratiquée dans un contexte non religieux pour améliorer la santé mentale et physique. Les bienfaits de la méditation peuvent inclure une réduction du stress et de l'anxiété, une amélioration de la concentration et de la clarté mentale, et une augmentation du bien-être général.

L'objectif est de calmer l'esprit et de cultiver une plus grande conscience de soi et de son environnement. Il existe de nombreuses formes de méditation, y compris la méditation de pleine conscience, la méditation transcendantale, la méditation zen et la méditation bouddhiste, entre autres.

Voici quelques exercices pratiques de méditation pour développer la conscience en soi :

1. La méditation de respiration : Asseyez-vous dans une position confortable, fermez les yeux et concentrez-vous sur votre respiration.

Observez le flux et le reflux de votre respiration et ressentez comment l'air entre et sort de votre corps. Si votre esprit commence à vagabonder, ramenez-le doucement à votre respiration.

2. La méditation de l'observation des pensées : Asseyez-vous dans une position confortable, fermez les yeux et concentrez-vous sur vos pensées. Ne jugez pas vos pensées, mais observez-les simplement en tant que spectateur. Si une pensée vous distrait, laissez-la passer et ramenez doucement votre attention à votre observation.
3. La méditation de visualisation : Asseyez-vous dans une position confortable, fermez les yeux et imaginez-vous dans un endroit paisible, comme une plage ou une forêt. Utilisez tous vos sens pour créer une image vivante de cet endroit dans votre esprit. Ressentez la brise sur votre peau, entendez les vagues de l'océan, sentez l'odeur des fleurs. Restez dans cet état d'esprit paisible aussi longtemps que vous le souhaitez.
4. La méditation de la gratitude : Asseyez-vous dans une position confortable, fermez les yeux et pensez à tout ce pour quoi vous êtes reconnaissant. Peut-être que ce sont des choses simples, comme la nourriture et un toit au-dessus de votre tête, ou des choses plus complexes, comme des relations saines et un travail gratifiant. Prenez le temps de ressentir la gratitude pour chaque élément que vous avez énuméré.
5. La méditation de l'amour bienveillant : Asseyez-vous dans une position confortable, fermez les yeux et concentrez-vous sur l'amour que vous avez pour vous-même et pour les autres. Récitez une phrase telle que "Que je sois heureux, en paix, en sécurité et aimé" et imaginez que vous envoyez cette énergie positive à vous-même et à tous les êtres vivants.
6. La méditation guidée : utilisez des enregistrements audios pour vous guider dans votre méditation. Il existe de nombreuses applications et vidéos en ligne pour vous aider à vous concentrer et à vous détendre.
7. La méditation de compassion : prenez quelques minutes pour méditer sur la compassion envers vous-même et les autres. Imaginez des personnes que vous aimez et envoyez-leur de la bienveillance et de la compassion.

Il existe de nombreuses pratiques de méditation qui peuvent aider à développer la conscience de soi et à atteindre un état de calme et de sérénité. Voici quelques autres exemples d'exercices pratiques de méditation :

8. Méditation de pleine conscience : Cette pratique consiste à être attentif aux sensations, aux émotions et aux pensées qui surviennent dans l'instant présent, sans jugement ni analyse. Il s'agit d'être simplement présent à l'instant, en observant ce qui se passe à l'intérieur de soi et autour de soi.
9. Méditation de répétition de mantras : Cette pratique consiste à répéter mentalement un mot ou une phrase qui a une signification particulière pour soi, comme une affirmation positive ou une prière. En répétant le mantra, on peut se concentrer sur un état d'esprit positif et apaiser l'esprit.
10. Méditation en mouvement : Cette pratique consiste à se concentrer sur les mouvements du corps pendant une activité physique, comme la marche, le yoga ou le tai-chi. En se concentrant sur les sensations physiques, on peut calmer l'esprit et retrouver un état de bien-être.

Il est important de rappeler que la méditation est une pratique personnelle et que chacun peut trouver la méthode qui convient le mieux à ses besoins et à sa personnalité. Il est également conseillé de pratiquer régulièrement, même pendant quelques minutes par jour, pour en ressentir les bienfaits sur le long terme.

La concentration sur la respiration :

La concentration sur la respiration est une technique courante utilisée dans la méditation pour améliorer la concentration et la pleine conscience. Voici quelques exercices simples de concentration sur la respiration que vous pouvez essayer :

1. Exercice de respiration profonde : Asseyez-vous confortablement avec le dos droit et fermez les yeux. Prenez une grande respiration profonde et expirez lentement. Concentrez-vous sur votre respiration et sur la sensation de l'air entrant et sortant de vos poumons. Si vous vous sentez distrait, ramenez simplement votre attention à votre respiration et recommencez.
2. Exercice de la respiration abdominale : Asseyez-vous confortablement avec le dos droit et les yeux fermés. Posez une main sur votre ventre et l'autre sur votre poitrine. Inspirez lentement par le nez et sentez

votre ventre se gonfler. Expirez lentement et sentez votre ventre se dégonfler. Concentrez-vous sur la sensation de votre respiration et sur le mouvement de votre ventre.

3. Exercice de la respiration en 4 temps : Asseyez-vous confortablement avec le dos droit et fermez les yeux. Inspirez profondément par le nez en comptant jusqu'à 4, retenez votre respiration en comptant jusqu'à 4, expirez lentement en comptant jusqu'à 4, puis retenez votre respiration en comptant jusqu'à 4. Concentrez-vous sur votre respiration et sur le compte pendant que vous inspirez, retenez votre souffle, expirez et retenez votre souffle.
4. Exercice de la respiration alternée : Asseyez-vous confortablement avec le dos droit et fermez les yeux. Posez votre pouce droit sur votre narine droite et inspirez profondément par votre narine gauche. Retenez votre respiration pendant quelques secondes, puis relâchez votre pouce droit et fermez votre narine gauche avec votre annulaire gauche. Expirez lentement par votre narine droite. Inspirez par votre narine droite, retenez votre respiration, puis expirez par votre narine gauche en fermant votre narine droite avec votre pouce droit.

Ces exercices de respiration peuvent vous aider à vous concentrer sur votre respiration, à vous détendre et à développer une meilleure conscience de vous-même.

L'observation de ses pensées ou sensations :

L'observation de ses pensées ou sensations est une pratique qui consiste à prendre du recul par rapport à ses pensées et à ses émotions, afin de les observer de manière objective et sans jugement. Cette pratique est souvent associée à la méditation de pleine conscience.

En observant ses pensées ou sensations, on peut prendre conscience de la manière dont notre esprit fonctionne et de l'impact que nos pensées ont sur nos émotions et nos comportements. Cette prise de conscience peut permettre de mieux comprendre ses réactions émotionnelles, de prendre du recul face à des situations stressantes, et d'améliorer sa capacité à gérer ses émotions.

L'observation de ses pensées ou sensations peut également aider à développer une meilleure connaissance de soi, en identifiant ses valeurs, ses besoins et ses croyances, et en apprenant à les accepter sans jugement.

Enfin, cette pratique peut contribuer à réduire le stress et l'anxiété, à améliorer la concentration et la créativité, et à favoriser une attitude positive et bienveillante envers soi-même et les autres.

Voici quelques exercices d'observation de ses pensées ou sensations en méditation :

1. Observez vos pensées : Asseyez-vous confortablement et concentrez-vous sur votre respiration. Lorsque vous remarquez que votre esprit commence à vagabonder, observez simplement vos pensées sans jugement ni critique. Imaginez que vous êtes assis sur une rive d'une rivière et que vos pensées sont comme des feuilles qui dérivent sur l'eau. Laissez-les simplement passer sans vous y attacher.
2. L'exploration des sensations : Asseyez-vous confortablement et concentrez-vous sur votre respiration. Laissez votre attention se concentrer sur les sensations physiques que vous ressentez dans votre corps. Soyez conscient de chaque sensation, qu'elle soit agréable, désagréable ou neutre. Observez-les sans jugement ni critique.
3. La méditation des sons : Asseyez-vous confortablement et concentrez-vous sur votre respiration. Laissez votre attention se concentrer sur les sons qui vous entourent. Écoutez attentivement les sons, sans les identifier ni les étiqueter. Ne jugez pas les sons comme bons ou mauvais, simplement observez-les.

Il est important de rappeler que la pratique régulière de la méditation peut aider à développer la conscience de soi, à réduire le stress et l'anxiété, à améliorer la concentration et à favoriser un état de calme et de sérénité.

Les mantras :

Les mantras sont des mots ou des phrases sacrées utilisés dans différentes traditions spirituelles pour aider à la méditation et à la concentration. La répétition d'un mantra peut aider à calmer l'esprit et à améliorer la concentration.

Voici un exemple d'exercice de répétition de mantra :

1. Trouvez un endroit calme où vous pourrez vous asseoir confortablement et vous détendre pendant quelques minutes.
2. Choisissez un mantra qui résonne avec vous. Il peut s'agir d'un mot simple, comme "paix", "amour", "harmonie", ou d'une phrase plus complexe, comme "je suis en paix avec moi-même et avec les autres".
3. Fermez les yeux et commencez à répéter le mantra lentement dans votre esprit. Concentrez-vous sur le son et le sens des mots.
4. Si votre esprit commence à vagabonder, ramenez doucement votre attention sur le mantra.
5. Répétez le mantra pendant au moins 10 minutes, ou plus longtemps si vous le souhaitez.
6. Lorsque vous êtes prêt à terminer l'exercice, prenez quelques respirations profondes et ouvrez les yeux lentement.

La répétition régulière de mantras peut aider à améliorer la concentration, à réduire le stress et l'anxiété, et à favoriser un état de calme et de détente.

L'acceptation de soi :

L'acceptation de soi est une attitude qui consiste à se connaître, se comprendre et se pardonner pour ses erreurs et ses faiblesses. Cela implique de reconnaître ses forces, ses faiblesses, ses défauts et ses qualités, et de les accepter sans jugement.

L'acceptation de soi est importante pour le développement personnel, car elle permet de se libérer de l'autocritique et de l'auto-sabotage. Elle favorise également une meilleure estime de soi et une plus grande confiance en soi, ce qui peut avoir des effets positifs sur la santé mentale et physique.

L'acceptation de soi peut être pratiquée à travers la méditation, la thérapie, l'écriture ou tout autre moyen de prise de conscience de soi. Cela peut être un processus difficile, mais c'est une étape importante pour atteindre l'épanouissement personnel et vivre une vie plus épanouissante.

Il existe plusieurs méthodes pour développer l'acceptation de soi. Voici quelques-unes d'entre elles :

1. Pratiquer la bienveillance envers soi-même : il est important de se parler à soi-même comme on parlerait à un ami. Au lieu de se critiquer et de se juger constamment, il est important de se parler avec gentillesse, compassion et indulgence.
2. Identifier les pensées négatives : il est important de prendre conscience des pensées négatives qui nous traversent l'esprit et de les remplacer par des pensées plus positives. Par exemple, si l'on se critique constamment sur notre apparence physique, il est important de se rappeler que personne n'est parfait et que l'important est de s'accepter tel que l'on est.
3. Se concentrer sur ses forces : plutôt que de se focaliser sur ses faiblesses, il est important de se concentrer sur ses forces et ses qualités. Il est important de prendre le temps de se rappeler ses réussites et ses accomplissements.
4. Pratiquer la gratitude : prendre le temps chaque jour de se rappeler les choses positives dans sa vie et de ressentir de la gratitude pour celles-ci peut aider à développer un sentiment de bien-être et d'acceptation de soi.
5. Chercher de l'aide : si l'on a du mal à s'accepter soi-même, il peut être utile de chercher de l'aide auprès d'un thérapeute ou d'un coach en développement personnel. Ces professionnels peuvent aider à identifier les blocages et les croyances limitantes qui empêchent l'acceptation de soi et à développer des stratégies pour les surmonter.

En pratiquant régulièrement ces méthodes, il est possible de développer l'acceptation de soi et de se sentir plus en paix avec qui l'on est. Cela peut permettre de vivre sa vie de manière plus épanouissante et plus authentique.

La bienveillance envers soi-même :

La bienveillance envers soi-même est une pratique clé dans le développement personnel. Elle consiste à se traiter avec compassion, à s'accepter tel que l'on est et à être doux envers soi-même, même lorsque l'on commet des erreurs ou que l'on échoue. Cela implique d'éviter l'autocritique sévère et de se donner de l'amour et de la gentillesse en reconnaissant sa propre valeur en tant qu'être humain.

La pratique de la bienveillance envers soi-même peut aider à réduire l'anxiété, la dépression, l'estime de soi négative et le perfectionnisme. Cela peut également améliorer la capacité à faire face aux défis de la vie avec plus de résilience et de positivité.

Voici quelques exercices pour pratiquer la bienveillance envers soi-même :

1. La respiration consciente : asseyez-vous confortablement et fermez les yeux. Concentrez-vous sur votre respiration en inspirant profondément, en retenant votre respiration pendant quelques secondes et en expirant lentement. Pendant que vous faites cela, répétez à vous-même des affirmations positives telles que "Je suis aimé" ou "Je suis suffisant".
2. L'autocompassion : prenez une situation difficile que vous avez vécue récemment et pratiquez l'autocompassion. Dites-vous que vous êtes humain, que vous faites de votre mieux et que vous méritez de la gentillesse et de la compassion. Traitez-vous comme vous traiteriez un ami qui traverse une situation difficile.
3. Les pensées positives : tous les jours, écrivez trois choses positives sur vous-même. Cela peut être quelque chose que vous avez accompli, une qualité que vous avez, ou quelque chose que vous avez appris. Vous pouvez également vous rappeler des moments de fierté ou de bonheur dans votre vie.
4. Les affirmations positives : créez une liste d'affirmations positives sur vous-même. Utilisez des phrases telles que "Je suis digne d'amour et de respect", "Je suis fort(e) et courageux(se)", "Je suis aimable et je mérite le bonheur". Répétez ces affirmations régulièrement pour vous rappeler votre propre valeur.
5. La gratitude : tous les jours, écrivez trois choses pour lesquelles vous êtes reconnaissant(e). Cela peut être quelque chose de simple, comme un coucher de soleil magnifique ou un moment agréable passé avec un ami. La gratitude peut vous aider à apprécier les bonnes choses dans votre vie et à cultiver un état d'esprit positif.

D'autres exercices pratiques pour pratiquer la bienveillance envers soi-même sont :

6. L'écriture d'un journal : Prenez le temps d'écrire sur vos pensées et vos émotions chaque jour. Cela vous permettra de prendre du recul et de mieux comprendre vos sentiments.

7. La pratique de l'autocélébration : Prenez le temps de vous féliciter pour vos réalisations, grandes ou petites. Cela vous permettra de mieux apprécier vos accomplissements et de vous encourager à poursuivre vos efforts.
8. La visualisation positive : Imaginez-vous dans une situation difficile et visualisez-vous en train de la surmonter avec succès. Cela vous permettra de renforcer votre confiance en vous et de vous encourager à persévérer dans les moments difficiles.
9. La pratique de l'amour inconditionnel envers soi-même : Imaginez-vous en train de vous aimer vous-même sans condition. Laissez cette image vous imprégner et vous inspirer à vous traiter avec amour et respect.

Tous ces exercices peuvent vous aider à développer la bienveillance envers vous-même et à améliorer votre estime de soi. Il est important de se rappeler que le développement de l'acceptation de soi est un processus continu qui nécessite de la pratique et de la patience.

Identifier les pensées négatives :

Les pensées négatives sont des pensées qui ont une connotation négative et qui peuvent influencer négativement nos émotions et notre comportement. Voici quelques exemples de pensées négatives courantes :

- Les pensées catastrophiques : anticiper le pire scénario possible, imaginer que tout va mal se passer.
- La rumination : ressasser les événements passés et se concentrer sur les aspects négatifs.
- La généralisation excessive : tirer des conclusions négatives à partir d'un événement isolé et les appliquer à toutes les situations similaires.
- L'autodénigrement : avoir des pensées négatives sur soi-même, se dévaloriser et se critiquer constamment.
- La pensée dichotomique : voir les choses de manière binaire, comme tout ou rien, bien ou mal, sans nuance.

Pour identifier les pensées négatives, il est important de prêter attention à vos pensées et à vos émotions. Essayez de noter les pensées qui vous traversent l'esprit et de les évaluer objectivement. Demandez-vous si ces pensées sont réalistes, utiles ou exagérées. Si vous identifiez une pensée négative, essayez de la remettre en question en cherchant des preuves qui la contredisent ou en trouvant une alternative plus positive et réaliste. Cela peut vous aider à réduire l'impact de ces pensées sur votre bien-être émotionnel.

Voici quelques exercices pour identifier les pensées négatives :

1. Tenir un journal : Prenez l'habitude d'écrire vos pensées négatives dès qu'elles surviennent. Notez le moment de la journée, la situation et la pensée négative. Cela vous aidera à mieux comprendre vos schémas de pensée négatifs et à identifier les situations qui les déclenchent.
2. Se poser des questions : Lorsque vous êtes confronté à une pensée négative, posez-vous des questions pour mieux la comprendre. Par exemple, demandez-vous si cette pensée est réellement vraie, si elle est utile ou si elle vous fait du mal. Cette méthode vous aidera à prendre du recul et à réévaluer vos pensées négatives.
3. Utiliser des affirmations positives : Les affirmations positives sont des déclarations que vous vous répétez pour vous encourager et vous motiver. Par exemple, si vous avez tendance à penser "je ne suis pas assez bon", répétez-vous "je suis suffisamment bon tel que je suis". Cette pratique peut vous aider à remplacer les pensées négatives par des pensées plus positives et bienveillantes envers vous-même.
4. Pratiquer la méditation : La méditation est une pratique qui permet de développer la conscience de soi et de se libérer de ses pensées négatives. En méditant, vous pouvez apprendre à observer vos pensées sans les juger et à les laisser passer sans y accorder trop d'importance.
5. Faire appel à un professionnel : Si vous avez du mal à identifier et à gérer vos pensées négatives, il peut être utile de consulter un professionnel de la santé mentale. Un psychologue ou un thérapeute pourra vous aider à développer des stratégies pour faire face à vos pensées négatives et améliorer votre bien-être mental.

Il existe plusieurs méthodes pour remédier aux pensées négatives. Voici quelques exemples :

6. La pleine conscience : cette technique permet de prendre conscience de nos pensées et de les observer sans les juger. En pratiquant la pleine

conscience, on peut se rendre compte de nos pensées négatives et les laisser passer sans s'y accrocher.

7. La restructuration cognitive : cette technique consiste à identifier les pensées négatives, à les questionner et à les remplacer par des pensées positives et plus réalistes. Il s'agit de changer notre façon de penser et de voir les choses pour retrouver une attitude plus positive.
8. La pratique de la gratitude : en se concentrant sur ce que l'on a plutôt que sur ce que l'on n'a pas, on peut développer une attitude plus positive. Il s'agit de se rappeler les choses pour lesquelles on est reconnaissant dans notre vie.
9. La pratique de l'autocompassion : il s'agit de se traiter avec la même compassion et la même gentillesse que l'on accorderait à un ami qui traverse une période difficile. En étant bienveillant envers soi-même, on peut apprendre à se pardonner et à se concentrer sur les aspects positifs de notre vie.
10. L'activité physique : l'exercice physique peut aider à libérer les tensions et à améliorer l'humeur en libérant des endorphines. Cela peut également aider à réduire l'anxiété et le stress, ce qui peut aider à réduire les pensées négatives.

Il est important de noter que chaque personne est différente et que ce qui fonctionne pour une personne peut ne pas fonctionner pour une autre. Il est donc important de trouver la méthode qui fonctionne le mieux pour soi.

La pleine conscience :

La pleine conscience est une pratique qui consiste à être conscient et attentif à l'instant présent, sans jugement. Cela signifie être pleinement présent à ce qui se passe autour de soi, en étant attentif à ses pensées, émotions, sensations physiques et à l'environnement qui nous entoure, sans chercher à ne les modifier ni à les évaluer. La pleine conscience est une pratique qui peut aider à réduire le stress, l'anxiété, la dépression, la douleur chronique et à améliorer la concentration et la qualité de vie en général.

La pratique de la pleine conscience peut être intégrée dans la vie quotidienne de plusieurs façons, comme la méditation de pleine conscience, la respiration consciente, la marche consciente, l'écoute consciente, la pleine conscience des repas, etc. La méditation de pleine conscience, par exemple, implique de s'asseoir en silence et de concentrer son attention sur sa respiration ou sur un objet spécifique, en prenant conscience de ses pensées, émotions et sensations corporelles qui surgissent, et en les laissant passer sans y prêter trop d'attention.

La pleine conscience peut être pratiquée de manière autonome, en suivant des programmes d'entraînement en ligne, en écoutant des enregistrements audios de méditation de pleine conscience, ou avec l'aide d'un enseignant formé à la pleine conscience, dans le cadre d'un groupe ou d'une séance individuelle. Il est important de noter que la pratique de la pleine conscience peut prendre du temps et de la persévérance pour en tirer des bénéfices significatifs, mais que les résultats peuvent être durables et significatifs pour améliorer la qualité de vie en général.

La pleine conscience est une pratique de méditation qui vise à se concentrer sur l'instant présent, sans jugement ni distraction. Voici quelques techniques de pleine conscience que vous pouvez essayer :

1. Respiration : prenez le temps de vous concentrer sur votre respiration, en inspirant profondément et en expirant lentement. Observez le mouvement de votre ventre ou de votre poitrine lorsque vous respirez.
2. Méditation guidée : écoutez une méditation guidée pour vous aider à vous concentrer sur votre respiration, vos sensations corporelles ou vos pensées.
3. Balayage corporel : détendez-vous et concentrez-vous sur chaque partie de votre corps, en partant de votre tête jusqu'à vos pieds. Observez les sensations physiques que vous ressentez dans chaque partie de votre corps.
4. Marche en pleine conscience : marchez lentement et observez votre environnement, en prêtant attention à chaque pas que vous faites.
5. Écoute en pleine conscience : écoutez attentivement de la musique, des bruits de la nature ou des sons de votre environnement. Essayez de les entendre sans jugement et sans les analyser.
6. Manger en pleine conscience : prenez le temps de manger lentement et savourez chaque bouchée. Observez la texture, le goût et l'odeur des aliments.
7. Écriture en pleine conscience : prenez un cahier et écrivez vos pensées, vos sentiments ou vos émotions sans interruption. Observez ce que vous écrivez sans jugement ni analyse.

Ces techniques de pleine conscience peuvent vous aider à vous concentrer sur l'instant présent, à mieux gérer votre stress et à améliorer votre bien-être général. Essayez de les incorporer dans votre routine quotidienne pour en tirer les bénéfices maximums.

La restructuration cognitive :

La restructuration cognitive est une technique de thérapie cognitivo-comportementale qui vise à modifier les pensées et les croyances négatives ou irrationnelles qui peuvent contribuer à des problèmes émotionnels tels que l'anxiété et la dépression.

Voici quelques techniques de restructuration cognitive :

1. Identification des pensées négatives : La première étape consiste à identifier les pensées négatives qui peuvent contribuer à des sentiments de stress, d'anxiété ou de dépression. Il est important de prendre conscience de ces pensées et de les écrire.
2. Examen des preuves : Une fois que les pensées négatives ont été identifiées, la prochaine étape consiste à examiner les preuves qui soutiennent ou réfutent ces pensées. Il est important d'examiner objectivement les faits qui soutiennent ou réfutent chaque pensée.
3. Remise en question des pensées négatives : Après avoir examiné les preuves, la prochaine étape consiste à remettre en question les pensées négatives. Il est important de se demander si ces pensées sont réalistes et rationnelles, et si elles sont basées sur des faits solides.
4. Réévaluation des pensées : Une fois que les pensées négatives ont été remises en question, il est temps de les réévaluer. Il est important de chercher des preuves qui soutiennent des pensées alternatives plus positives et réalistes.
5. Création d'un plan d'action : Après avoir réévalué les pensées négatives, il est temps de créer un plan d'action pour mettre en œuvre des changements positifs dans votre vie. Ce plan peut inclure des objectifs spécifiques, des actions à entreprendre et des stratégies pour faire face aux obstacles qui pourraient se présenter.

La restructuration cognitive est une technique efficace pour modifier les pensées et les croyances négatives. Elle peut être utilisée pour traiter une variété de troubles émotionnels, notamment l'anxiété, la dépression, le stress post-traumatique et les troubles obsessionnels-compulsifs.

La pratique de la gratitude :

La pratique de la gratitude est une technique qui consiste à se concentrer sur les aspects positifs de sa vie et à exprimer sa gratitude pour ces éléments. Cela peut aider à cultiver un état d'esprit positif et à réduire les sentiments de stress, d'anxiété et de dépression. Voici quelques techniques pratiques pour la pratique de la gratitude :

1. Prenez le temps chaque jour pour exprimer votre gratitude. Cela peut se faire par l'écriture dans un journal de gratitude ou simplement en pensant à trois choses pour lesquelles vous êtes reconnaissant.
2. Utilisez les moments de transition pour vous concentrer sur votre gratitude. Par exemple, lorsque vous vous réveillez le matin, prenez quelques instants pour penser à ce que vous appréciez dans votre vie.
3. Exprimez votre gratitude envers les autres. Prenez le temps de remercier les personnes qui vous ont aidé ou soutenu, que ce soit verbalement ou par écrit.
4. Soyez conscient des petites choses. Remarquez les choses positives dans votre vie, même les plus petites choses, comme une belle journée ensoleillée ou un sourire chaleureux d'un étranger.
5. Utilisez la gratitude pour vous aider à faire face aux difficultés. Même dans les moments difficiles, il y a souvent des choses pour lesquelles nous pouvons être reconnaissants. Cela peut nous aider à garder une perspective positive et à trouver des solutions.

En pratiquant la gratitude régulièrement, vous pouvez développer une attitude plus positive envers la vie et améliorer votre bien-être émotionnel.

La pratique de l'autocompassion :

La pratique de l'autocompassion consiste à développer une attitude aimante et compatissante envers soi-même. Cela implique de traiter ses propres émotions et difficultés avec la même bienveillance et le même soutien que l'on accorderait à un ami proche. Voici quelques techniques pour pratiquer l'autocompassion :

1. Reconnaître et accepter ses propres souffrances : prendre conscience de ses émotions et difficultés, sans jugement, est la première étape pour développer l'autocompassion.
2. Utiliser des affirmations positives : répéter des affirmations positives et bienveillantes, telles que "je suis aimable tel que je suis" ou "je mérite de prendre soin de moi".
3. Pratiquer la respiration consciente : se concentrer sur sa respiration, en inspirant profondément et en expirant lentement, peut aider à se centrer et à se calmer.
4. Visualiser un moment de bienveillance : se remémorer un moment où l'on a reçu de l'amour et de la bienveillance, que ce soit de la part d'un ami, d'un parent ou d'un animal de compagnie, peut aider à se connecter à des sentiments de bien-être et de compassion envers soi-même.
5. Cultiver la gratitude : prendre le temps chaque jour pour noter quelques choses pour lesquelles on est reconnaissant peut aider à développer un état d'esprit positif et bienveillant envers soi-même.
6. Pratiquer l'automassage : se masser doucement le visage, les mains ou les pieds peut aider à se sentir calme et réconforté.
7. Se donner de petits plaisirs : prendre du temps pour faire quelque chose que l'on aime, que ce soit lire un livre, prendre un bain ou faire une promenade, peut aider à se sentir choyé et aimé.

La pratique de l'autocompassion peut aider à développer une relation plus aimante et positive avec soi-même, réduire les sentiments de stress et d'anxiété et augmenter le bien-être émotionnel.

La pratique des exercices physiques :

Il existe de nombreux exercices physiques qui peuvent aider à libérer les tensions et améliorer l'humeur. Voici quelques exemples :

1. Marche rapide : La marche rapide peut aider à stimuler la circulation sanguine, améliorer la respiration et réduire les tensions musculaires. Il suffit de prendre une marche rapide pendant environ 30 minutes chaque jour pour en ressentir les bienfaits.
2. Yoga : Le yoga est une pratique qui implique des postures physiques, des exercices de respiration et de méditation. Il peut aider à réduire le stress, la tension et l'anxiété.
3. Stretching : Le stretching peut aider à améliorer la flexibilité, réduire les tensions musculaires et favoriser la relaxation. Il existe de nombreux exercices de stretching différents que vous pouvez essayer.
4. Danse : La danse est une activité amusante qui peut aider à améliorer l'humeur en libérant des endorphines dans le corps. Vous pouvez essayer de danser seul chez vous ou de suivre des cours de danse.
5. Cardio-training : Les exercices de cardio-training, tels que le vélo, la course ou la natation, peuvent aider à améliorer la santé cardiovasculaire et réduire le stress. Il est recommandé de pratiquer 30 minutes d'exercice cardiovasculaire au moins trois fois par semaine.
6. Musculation : Les exercices de musculation peuvent aider à renforcer les muscles et à améliorer la posture. Vous pouvez utiliser des poids, des bandes de résistance ou simplement votre propre poids corporel pour faire des exercices de musculation.

Il est important de choisir des exercices physiques qui vous plaisent et que vous pouvez pratiquer régulièrement pour en ressentir les bienfaits.

Comment améliorer les compétences ?

La meilleure méthode pour améliorer les compétences dépend de la nature de la compétence en question et de votre style d'apprentissage. Cependant, il existe certaines méthodes générales qui peuvent être efficaces pour améliorer la plupart des compétences :

1. La pratique régulière : pour améliorer une compétence, vous devez la pratiquer régulièrement. Cela peut sembler évident, mais la pratique régulière est la clé pour développer une expertise dans n'importe quelle compétence.
2. La prise de risques : pour améliorer une compétence, vous devez sortir de votre zone de confort et prendre des risques. Cela signifie que vous devez être prêt à faire des erreurs et à apprendre de vos échecs.
3. La rétroaction : pour améliorer une compétence, vous devez recevoir des commentaires sur votre performance. Demandez à des personnes expérimentées ou à des mentors de vous donner des commentaires constructifs.
4. La visualisation : visualiser la réussite dans une compétence peut aider à améliorer la performance. Visualiser la réussite peut aider à renforcer la confiance en soi et à se concentrer sur les résultats souhaités.
5. L'apprentissage continu : pour améliorer une compétence, vous devez être disposé à apprendre en continu. Restez curieux et explorez de nouvelles façons d'améliorer votre compétence.

Il est important de noter que chaque compétence peut nécessiter des méthodes spécifiques pour améliorer son développement. Par exemple, la lecture de livres et la pratique peuvent être efficaces pour améliorer la compétence en écriture, tandis que l'observation et l'analyse peuvent être efficaces pour améliorer la compétence en communication.

Élaborer un projet de vie est une démarche personnelle qui peut varier d'une personne à l'autre. Cependant, voici quelques étapes qui peuvent aider à élaborer un projet de vie :

1. Faire le point sur sa situation actuelle : Il est important de prendre le temps de faire un bilan de sa situation actuelle. Cela permet de comprendre où l'on en est, ce que l'on a accompli jusqu'à présent, et de prendre conscience de ses points forts et de ses points faibles.
2. Définir ses objectifs : Une fois que l'on a fait le point sur sa situation actuelle, il est temps de définir ses objectifs à long terme. Il peut s'agir de carrière, de relations, de santé, de développement personnel, etc.
3. Établir un plan d'action : Une fois que l'on a défini ses objectifs, il est important d'établir un plan d'action pour les atteindre. Il est important de décomposer les objectifs en étapes réalisables et de fixer des délais.

4. Se fixer des priorités : Il est possible que tous les objectifs ne puissent pas être atteints en même temps. Il est donc important de se fixer des priorités pour déterminer sur quoi se concentrer en premier.
5. Être flexible : La vie est imprévisible et il est possible que les choses ne se déroulent pas toujours comme prévu. Il est donc important d'être flexible et d'adapter son plan d'action en fonction des circonstances.
6. Faire des ajustements : Il est important de prendre le temps de réévaluer régulièrement son projet de vie et de faire des ajustements si nécessaire. Les objectifs peuvent changer au fil du temps et il est important de s'assurer que l'on est toujours en train de travailler vers ce qui est important pour soi.

En résumé, élaborer un projet de vie consiste à définir ses objectifs à long terme, établir un plan d'action pour les atteindre, se fixer des priorités, être flexible et faire des ajustements au besoin.

La relation à soi-même :

La relation à soi-même est la manière dont une personne se perçoit, se traite et se parle à elle-même. Elle peut être positive ou négative, et influencer le bien-être émotionnel et physique. La relation à soi-même comprend des éléments tels que l'estime de soi, la confiance en soi, la compassion envers soi-même et l'acceptation de soi.

Une relation à soi-même positive implique de s'accepter tel que l'on est, avec ses forces et ses faiblesses, d'être gentil et bienveillant envers soi-même, de reconnaître ses réussites et de ne pas se juger trop sévèrement pour ses erreurs ou ses échecs. Cela peut aider à renforcer l'estime de soi, la confiance en soi et à mieux gérer les défis de la vie.

D'un autre côté, une relation à soi-même négative peut impliquer de se critiquer constamment, de se blâmer pour les erreurs passées, de ne pas se donner suffisamment de crédit pour les réussites et de ne pas s'accepter tel que l'on est. Cela peut contribuer à une faible estime de soi, une faible confiance en soi, de l'anxiété, de la dépression, et une faible qualité de vie en général.

Il est important de cultiver une relation positive avec soi-même. Cela peut inclure des pratiques telles que la méditation de pleine conscience, la pratique de l'autocompassion, l'écriture de journal, et la recherche de soutien auprès des amis, de la famille ou d'un professionnel de santé mentale. Avec le temps et la pratique, il est possible d'améliorer sa relation avec soi-même et de favoriser un bien-être émotionnel et physique plus sain.

La meilleure méthode pour développer la relation à soi-même dépendra des besoins et des préférences de chaque individu, car tout le monde est différent. Cependant, voici quelques suggestions pour améliorer la relation avec soi-même:

1. Pratiquer l'auto-observation : Prendre le temps d'observer ses propres pensées, ses émotions et ses comportements peut aider à mieux comprendre ses propres motivations et à être plus conscient de ses choix.
2. Prendre soin de soi : Prendre soin de son corps et de son esprit peut aider à se sentir mieux dans sa peau. Cela peut inclure des activités telles que faire de l'exercice régulièrement, bien dormir, manger sainement et se détendre.
3. Se donner de l'attention : Prendre du temps pour soi-même peut aider à se connecter avec soi-même. Cela peut inclure des activités telles que lire, écrire, écouter de la musique, dessiner ou toute autre activité qui permet de se concentrer sur soi-même.
4. Apprendre à s'aimer : Apprendre à s'aimer soi-même peut aider à améliorer l'estime de soi et à se sentir plus confiant. Cela peut inclure des affirmations positives, la pratique de la gratitude et la reconnaissance de ses propres forces.
5. Se fixer des objectifs : Avoir des objectifs clairs et réalisables peut aider à rester motivé et à se sentir accompli. Cela peut inclure des objectifs personnels, professionnels ou spirituels.

Voici quelques exercices pour développer la relation à soi-même :

6. Prenez le temps d'être seul : Il est important de se donner du temps pour soi, pour réfléchir, pour se ressourcer et pour faire des choses que vous aimez. Essayez de passer au moins 15 à 30 minutes chaque jour seul, sans distractions.
7. Tenez un journal : Écrire vos pensées et vos sentiments peut aider à mieux comprendre ce que vous ressentez et pourquoi vous vous sentez ainsi. Prenez l'habitude d'écrire chaque jour dans un journal, même si ce n'est que quelques lignes.

8. Pratiquez l'autocompassion : Soyez gentil avec vous-même et traitez-vous comme vous traiteriez un ami cher. Si vous vous trouvez en train de vous critiquer ou de vous juger, essayez de vous rappeler que vous êtes humain et que tout le monde fait des erreurs.
9. Faites des activités qui vous font plaisir : Prenez le temps de faire des activités que vous aimez et qui vous permettent de vous sentir bien dans votre peau. Que ce soit de la lecture, du sport, de la cuisine, du jardinage, de la musique, ou tout autre chose, faites-en une habitude.
10. Apprenez à vous connaître : Prenez le temps d'explorer vos valeurs, vos passions, vos forces et vos faiblesses. Plus vous en apprendrez sur vous-même, plus il sera facile de prendre des décisions et de vivre en accord avec vos valeurs.
11. Établissez des limites saines : Apprenez à dire non quand vous avez besoin de temps pour vous, ou quand quelque chose ne vous convient pas. Établissez des limites claires avec les autres, pour vous protéger et pour vous permettre de vous concentrer sur ce qui est important pour vous.
12. Pratiquez l'auto-observation : Prenez le temps de vous observer, d'être conscient de vos émotions et de vos réactions. Vous pouvez également utiliser des techniques de méditation pour vous aider à développer cette pratique. Plus vous êtes conscient de vous-même, plus vous serez en mesure de vous comprendre et de vous améliorer.

La relation aux autres :

La relation aux autres fait référence à la manière dont une personne interagit avec les autres, qu'il s'agisse d'amis, de famille, de collègues, de partenaires romantiques ou de membres de la communauté. La qualité de ces relations peut avoir un impact significatif sur le bien-être émotionnel et la santé physique d'une personne.

Une relation positive aux autres se caractérise par des interactions agréables, une communication ouverte, une confiance mutuelle, un respect mutuel et une capacité à résoudre les conflits de manière constructive. Ces types de relations peuvent fournir un soutien social, réduire l'isolement social et la solitude, et améliorer le bien-être émotionnel et physique.

D'un autre côté, une relation négative aux autres peut se caractériser par des conflits fréquents, de la méfiance, de la jalousie, du rejet, de l'agression ou de la violence. Ces types de relations peuvent avoir un impact négatif sur la santé émotionnelle et physique, et contribuer à la détresse émotionnelle, l'anxiété, la dépression, le stress et même à des problèmes de santé physique.

Il est important de cultiver des relations positives avec les autres, en étant ouvert, honnête et respectueux, en montrant de la compassion et en cherchant à comprendre les perspectives d'autrui. Si des problèmes surgissent, il est important de travailler à les résoudre de manière constructive, en communiquant de manière ouverte et honnête et en cherchant à trouver des solutions qui conviennent à toutes les parties impliquées. Enfin, il est également important de se rappeler que des relations saines nécessitent un effort continu et une attention soutenue pour maintenir une communication ouverte, une confiance mutuelle et un soutien émotionnel.

La meilleure méthode pour développer la relation aux autres dépend de nombreux facteurs, tels que la personnalité, les expériences de vie, les objectifs personnels, etc.

Cependant, il existe certaines pratiques qui peuvent être utiles pour améliorer les relations avec les autres :

1. La communication bienveillante : il s'agit d'une technique qui permet de communiquer de manière claire et empathique, en prenant en compte les sentiments et les besoins de l'autre personne.
2. L'écoute active : il est important de prêter attention à ce que l'autre personne a à dire, de se concentrer sur ses mots et de poser des questions pour mieux comprendre ses sentiments et ses besoins.
3. La reconnaissance des émotions : il est essentiel de reconnaître et de valider les émotions d'autrui, même si on ne les partage pas, pour montrer qu'on est attentif et compréhensif.
4. La prise en compte des différences : chaque personne est unique et a des valeurs, des croyances et des expériences différentes. Il est important de respecter et d'accepter ces différences pour améliorer la relation.
5. La gestion des conflits : les conflits sont inévitables dans toute relation, mais il est possible de les gérer de manière positive en exprimant ses sentiments de manière constructive, en écoutant l'autre personne et en cherchant des solutions mutuellement satisfaisantes.

6. La pratique de l'empathie : être empathique consiste à se mettre à la place de l'autre personne, à comprendre ses sentiments et à agir en conséquence. Cela permet de renforcer la relation en montrant qu'on se soucie d'autrui et qu'on est prêt à les aider.
7. La gratitude : il est important de montrer de la reconnaissance envers les autres pour renforcer la relation et favoriser un climat de confiance et de bienveillance.

Ces pratiques peuvent être utilisées ensemble ou individuellement pour améliorer la relation aux autres. Il est important de trouver celles qui conviennent le mieux à chaque situation et à chaque personne.

Voici quelques exemples d'exercices pour améliorer la relation aux autres :

1. Pratiquer l'empathie : mettez-vous à la place de l'autre personne et essayez de comprendre sa perspective et ses émotions.
2. Pratiquer l'écoute active : écoutez attentivement ce que l'autre personne dit, posez des questions pour clarifier et répétez ce qu'elle a dit pour montrer que vous l'avez bien compris.
3. Pratiquer la communication assertive : exprimez vos sentiments et vos besoins de manière claire et directe sans attaquer ou blâmer l'autre personne.
4. Pratiquer la gratitude : remerciez les autres pour ce qu'ils font pour vous et montrez votre appréciation pour leur présence dans votre vie.
5. Pratiquer l'ouverture d'esprit : soyez prêt à considérer des points de vue différents du vôtre et à apprendre d'autrui.
6. Pratiquer la tolérance : acceptez les différences d'autrui et évitez de juger ou de critiquer.
7. Pratiquer l'empathie active : prenez des actions concrètes pour aider les autres dans le besoin et montrez-leur que vous vous souciez d'eux.
8. Pratiquer l'authenticité : soyez vous-même et honnête dans vos relations avec les autres, sans craindre d'être vulnérable ou d'exprimer vos véritables sentiments.

Le développement spirituel :

Le développement spirituel peut être compris comme un processus de croissance intérieure visant à approfondir sa compréhension de soi et du monde, ainsi qu'à trouver un sens plus profond à la vie. Cela implique souvent d'explorer les questions existentielles, de cultiver la compassion, la gratitude et la bienveillance, de se connecter à quelque chose de plus grand que soi-même, que ce soit par la pratique religieuse, la méditation, la contemplation de la nature ou toute autre pratique spirituelle.

Le développement spirituel peut également inclure le développement de valeurs telles que la compassion, la tolérance, l'empathie et la sagesse. Les pratiques spirituelles peuvent aider à améliorer la santé mentale, à réduire le stress et l'anxiété, à renforcer la résilience et à cultiver une plus grande paix intérieure.

Cependant, il est important de souligner que le développement spirituel peut prendre différentes formes pour différentes personnes, et que chacun peut trouver son propre chemin pour grandir spirituellement.

Le développement spirituel est une démarche personnelle qui vise à cultiver la conscience de soi, de ses valeurs, de ses croyances et de son lien avec l'univers. Il s'agit d'une quête de sens et de compréhension du monde qui nous entoure. Les méthodes pour y parvenir sont multiples et peuvent varier selon les croyances et les pratiques de chacun.

Cependant, voici quelques pistes pour aider à développer sa spiritualité :

1. La méditation : La méditation peut aider à cultiver une conscience de soi plus profonde et à se connecter avec son être intérieur. Elle peut aider à apaiser l'esprit et à développer la concentration.
2. La pratique d'une religion : Si vous avez une religion, vous pouvez la pratiquer régulièrement pour vous connecter avec vos croyances et votre spiritualité.
3. La lecture de livres spirituels : La lecture de livres qui parlent de la spiritualité et de la nature de l'existence peut aider à élargir sa compréhension et à nourrir sa quête de sens.
4. La pratique de la gratitude : La gratitude est une pratique qui peut aider à développer une attitude positive et à reconnaître les bienfaits de la vie. Elle peut aider à se connecter avec les autres et avec l'univers.
5. La pratique de l'autocompassion : L'autocompassion est une pratique qui peut aider à cultiver l'amour de soi et la bienveillance envers soi-même. Cela peut aider à développer une conscience plus profonde et à renforcer le lien avec soi-même et avec les autres.

6. La pratique de la nature : La nature peut aider à se connecter avec quelque chose de plus grand que soi et à nourrir une compréhension plus profonde de l'univers. La pratique de la nature peut inclure des activités comme la randonnée, le camping ou la contemplation de paysages naturels.

Il est important de noter que le développement spirituel est un voyage personnel et que chacun doit trouver ses propres méthodes pour y parvenir.

La contribution à la société :

La contribution à la société fait référence à l'ensemble des actions ou des activités menées par un individu ou un groupe pour améliorer la vie et le bien-être de la société en général. Il s'agit de participer activement à la vie sociale, économique, politique et culturelle de sa communauté en fournissant des idées, des ressources ou des compétences pour contribuer à son développement.

La contribution à la société peut prendre plusieurs formes telles que l'engagement bénévole dans une organisation caritative, le mentorat d'un jeune, la participation à des programmes d'éducation communautaire, la participation à des campagnes de sensibilisation, le développement de projets sociaux ou l'investissement dans des initiatives de développement durable.

En contribuant à la société, on a l'occasion de faire une différence positive dans la vie d'autrui et de développer un sentiment de fierté et d'accomplissement personnel. Cela peut également améliorer la cohésion sociale et renforcer les liens communautaires en favorisant l'entraide, la coopération et la compréhension mutuelle.

La meilleure façon de contribuer à la société dépend des talents, compétences, intérêts et passions de chaque individu. Cependant, voici quelques pistes à explorer :

1. Bénévolat : le bénévolat est une façon très gratifiante de contribuer à la société en offrant son temps, ses compétences ou ses connaissances. Les possibilités sont nombreuses, que ce soit dans le domaine de la santé, de l'éducation, de l'aide alimentaire, de l'environnement, etc.

2. Créer une entreprise sociale : une entreprise sociale est une entreprise qui a pour but de résoudre un problème social ou environnemental tout en étant rentable. C'est une façon d'avoir un impact positif sur la société tout en gagnant sa vie.
3. Participer à des mouvements sociaux : participer à des mouvements sociaux est une façon de contribuer à la société en apportant sa voix et son soutien à des causes qui nous tiennent à cœur. Cela peut être par le biais de manifestations, de pétitions, de boycotts, etc.
4. Faire des dons : faire des dons à des associations ou des organisations qui travaillent pour des causes importantes est une façon simple mais efficace de contribuer à la société.
5. Créer du contenu inspirant : créer du contenu inspirant et positif, que ce soit des vidéos, des articles, des livres, des podcasts, etc., est une façon de contribuer à la société en inspirant et en motivant les gens à agir pour un monde meilleur.

Il est important de trouver une façon de contribuer qui soit en accord avec ses valeurs, ses passions et ses compétences, pour que cela soit à la fois gratifiant et efficace.

Les différentes manières d'accéder au développement personnel :

Le développement personnel peut prendre de nombreuses formes, allant de la pratique de la méditation à la lecture de livres de développement personnel, en passant par l'écoute de podcasts, l'inscription à des cours en ligne, la participation à des groupes de soutien ou à des ateliers de développement personnel, et bien d'autres encore. L'important est de trouver les méthodes qui conviennent le mieux à sa personnalité, ses objectifs et ses préférences, et de se donner le temps et les moyens nécessaires pour les intégrer dans sa vie quotidienne.

Le développement personnel effectué individuellement :

Le développement personnel effectué individuellement est une démarche personnelle pour améliorer sa vie, atteindre ses objectifs, renforcer sa confiance en soi et son estime de soi, améliorer ses relations avec les autres, développer sa créativité, sa productivité, sa santé mentale et physique, ainsi que son bien-être général. Cette démarche implique de se connaître soi-même, d'identifier ses forces et ses faiblesses, de travailler sur ses habitudes et ses croyances limitantes, d'explorer ses émotions et ses pensées, et de se fixer des objectifs pour améliorer sa vie.

Le développement personnel effectué en groupe :

Le développement personnel effectué en groupe implique la participation à des ateliers, des séminaires ou des groupes de soutien animés par un animateur, un coach ou un thérapeute. Ces groupes peuvent être constitués de personnes partageant des problèmes, des défis ou des objectifs communs, et cherchant à se soutenir mutuellement pour atteindre leurs objectifs.

L'avantage du développement personnel en groupe est qu'il permet de partager des expériences, de bénéficier du soutien et de l'encouragement des autres membres du groupe, d'obtenir des commentaires et des idées sur les défis individuels, ainsi que de se sentir connecté à une communauté de personnes partageant des intérêts et des objectifs similaires.

En outre, les groupes de développement personnel offrent souvent un cadre structuré pour le développement personnel, en fournissant des outils, des techniques et des pratiques spécifiques pour aider les membres à progresser dans leur développement personnel.

Les méthodes de développement personnel en groupe :

Il existe plusieurs méthodes de développement personnel en groupe, voici quelques exemples :

1. Les ateliers de développement personnel : il s'agit d'un espace de travail collaboratif animé par un coach ou un thérapeute, dans lequel les participants sont invités à partager leur expérience, leurs idées, leurs peurs et leurs aspirations, et à travailler ensemble sur des exercices pratiques pour atteindre leurs objectifs.

2. Les cercles de parole : il s'agit de groupes de discussion dans lesquels les participants sont invités à s'exprimer sur un sujet donné, en écoutant les autres membres sans jugement ni critique. Les cercles de parole peuvent être animés par un animateur ou peuvent être auto-gérés par les participants eux-mêmes.
3. Les groupes de soutien : il s'agit de groupes de personnes partageant une problématique ou une situation commune, tels que les groupes de soutien pour les personnes souffrant de maladies chroniques, les groupes de soutien pour les victimes de violences, les groupes de soutien pour les personnes endeuillées, etc. Les groupes de soutien permettent aux participants de se sentir compris et soutenus dans leur vécu, et de trouver des solutions pour surmonter leurs difficultés.
4. Les formations en groupe : il s'agit de formations proposées par des coachs, des thérapeutes ou des organismes de formation, dans lesquelles les participants sont invités à travailler sur des compétences précises telles que la communication, la gestion du stress, la confiance en soi, etc. Les formations en groupe permettent aux participants de bénéficier des expériences et des réflexions des autres membres, et de pratiquer les compétences apprises dans un environnement sécurisant.
5. Les retraites de développement personnel : il s'agit de séjours de plusieurs jours, animés par des thérapeutes ou des coachs, dans lesquels les participants sont invités à se ressourcer et à travailler sur leur développement personnel. Les retraites peuvent proposer des activités telles que la méditation, le yoga, la marche en pleine nature, des ateliers de développement personnel, etc. Les retraites permettent aux participants de se recentrer sur eux-mêmes, de prendre du recul par rapport à leur vie quotidienne, et de se concentrer sur leur propre développement.

Le coaching pour le développement personnel :

Le coaching pour le développement personnel est une méthode de plus en plus populaire pour aider les personnes à atteindre leurs objectifs et à développer leur potentiel. Le coaching consiste en un processus d'accompagnement individuel ou en groupe, souvent mené par un coach certifié, qui aide les clients à identifier leurs objectifs, à explorer les obstacles qui les empêchent d'atteindre ces objectifs, et à élaborer un plan d'action pour les atteindre.

Le coaching peut se concentrer sur de nombreux aspects du développement personnel, tels que la confiance en soi, la communication, la gestion du temps, la gestion du stress, la prise de décision, l'élaboration d'objectifs, la résolution de problèmes, et bien d'autres encore.

Le coaching peut se dérouler en personne, par téléphone ou en ligne. Les séances de coaching peuvent être ponctuelles ou régulières, en fonction des besoins du client. Le coaching peut également être offert dans le cadre d'un programme de développement personnel plus vaste, comme un atelier ou une formation.

Il est important de noter que le coaching n'est pas une thérapie. Bien que les séances de coaching puissent parfois être émotionnelles, le coaching se concentre sur le présent et l'avenir, plutôt que sur le passé. Le coaching est une approche positive et axée sur les solutions, qui vise à aider les clients à atteindre leurs objectifs et à réaliser leur potentiel.

Les différentes méthodes pour le coaching en développement personnel :

Il existe plusieurs méthodes pour le coaching de développement personnel, voici quelques exemples :

1. La méthode GROW : Cette méthode est basée sur 4 étapes : les Objectifs (Goal), la Réalité (Reality), les Options (Options) et la Volonté (Will). Le coach aide son client à déterminer ses objectifs, à comprendre sa situation actuelle, à identifier les options possibles pour atteindre ces objectifs et à définir un plan d'action.
2. La méthode S.M.A.R.T. : Cette méthode est basée sur l'établissement d'objectifs "intelligents". Les objectifs doivent être spécifiques (Specific), mesurables (Measurable), atteignables (Achievable), pertinents (Relevant) et temporels (Time-bound).
3. La méthode de l'approche centrée sur la personne : Cette méthode se concentre sur l'individu et son développement personnel en utilisant l'empathie, l'écoute active et la non-directivité. Le coach encourage

son client à s'exprimer, à explorer ses pensées et ses sentiments et à prendre conscience de ses propres ressources.

4. La méthode de la PNL (Programmation Neurolinguistique) : Cette méthode se concentre sur la communication et la perception. Le coach aide son client à modifier ses pensées, ses comportements et ses émotions en utilisant différentes techniques de visualisation, de changement de perception et de langage.
5. La méthode de la psychologie positive : Cette méthode se concentre sur les forces et les ressources de l'individu. Le coach encourage son client à identifier ses forces, à développer un état d'esprit positif et à utiliser ces forces pour atteindre ses objectifs et améliorer sa vie.
6. La méthode de la roue de la vie : Cette méthode permet d'évaluer les différents aspects de la vie (personnelle, professionnelle, sociale, financière, etc.) et de travailler sur ceux qui ont besoin d'être améliorés.
7. La méthode du questionnement : Cette méthode consiste à poser des questions ouvertes pour aider la personne à explorer ses propres pensées, émotions et expériences et à trouver des solutions.
8. La méthode de la visualisation : Cette méthode utilise l'imagination pour visualiser des résultats positifs et aide la personne à se concentrer sur la réalisation de ses objectifs.
9. La méthode de la communication non-violente : Cette méthode vise à améliorer la communication interpersonnelle en utilisant des techniques qui encouragent l'empathie et la compréhension mutuelle.
10. La méthode de la sophrologie : c'est une méthode de développement personnel qui a été créée dans les années 1960 par le neuropsychiatre Alfonso CAYCEDO. Elle repose sur la relaxation, la respiration, la visualisation positive et la méditation.
11. La méthode de l'autohypnose : L'autohypnose est une technique qui permet de plonger dans un état de conscience modifié, semblable à l'hypnose, mais qui est induit par soi-même plutôt que par un hypnothérapeute. Cette méthode utilise des suggestions pour aider à atteindre des objectifs personnels, tels que la réduction du stress, l'amélioration de la confiance en soi ou la modification de comportements indésirables. L'autohypnose peut se faire seul ou avec l'aide de supports audio ou visuels, tels que des enregistrements ou des vidéos. Les pratiquants de l'autohypnose utilisent souvent des

techniques de relaxation et de visualisation pour induire un état de transe qui leur permet d'accéder à leur subconscient et de modifier leurs pensées et leurs comportements.

12. Le coaching orienté solution : il consiste à trouver des solutions aux problèmes et obstacles qui empêchent l'individu de progresser dans sa vie. Le coach encourage le client à définir clairement ses objectifs et à chercher des solutions pratiques et concrètes pour les atteindre.
13. Le coaching de carrière : il se concentre sur l'orientation professionnelle et le développement de compétences pour améliorer les performances professionnelles. Le coach aide le client à identifier ses talents, à définir ses objectifs de carrière et à développer un plan d'action pour les atteindre.
14. Le coaching en communication : il aide les individus à améliorer leur communication avec les autres. Le coach aide le client à identifier les schémas de communication inefficaces et à apprendre des techniques pour communiquer de manière plus efficace.
15. Le coaching de leadership : il se concentre sur le développement des compétences de leadership et la gestion de l'équipe. Le coach aide les dirigeants à identifier leurs points forts et leurs points faibles et à développer des stratégies pour améliorer leur leadership.
16. Le coaching en développement personnel et spirituel : il se concentre sur la découverte de soi, la croissance personnelle et le développement spirituel. Le coach aide le client à explorer ses croyances, ses valeurs et ses objectifs de vie pour trouver un sens plus profond et une direction plus claire dans sa vie.
17. Le coaching pour la gestion du stress : il aide les individus à gérer leur stress et à améliorer leur bien-être émotionnel et mental. Le coach aide le client à identifier les sources de stress et à apprendre des techniques de relaxation et de gestion du stress pour améliorer sa qualité de vie.

Il est important de noter que chaque méthode a ses avantages et ses limites, et qu'il est important de choisir la méthode qui convient le mieux à chaque personne en fonction de ses objectifs, de sa personnalité et de ses préférences.

Ces différentes méthodes de coaching peuvent être utilisées de manière individuelle ou combinées en fonction des besoins et des objectifs du client.

La méthode GROW :

La méthode GROW est un outil de coaching de développement personnel qui aide les individus à atteindre leurs objectifs. Le nom GROW est en fait un acronyme pour les étapes clés de la méthode : Goal (objectif), Reality (réalité), Options (options), et Will (volonté).

La première étape consiste à établir un objectif clair et précis. Cela implique de déterminer ce que l'individu veut accomplir, en créant un objectif SMART (Spécifique, Mesurable, Atteignable, Réaliste et Temporellement défini).

La deuxième étape est la réalité, où l'individu évalue sa situation actuelle. Il doit identifier les obstacles, les ressources disponibles et les compétences qu'il a ou qu'il doit acquérir pour atteindre son objectif.

La troisième étape est l'exploration des options pour atteindre l'objectif. Cela implique de trouver différentes façons de surmonter les obstacles et d'identifier les ressources qui peuvent aider à atteindre l'objectif.

La quatrième étape est la volonté, où l'individu doit s'engager à agir pour atteindre son objectif. Cela implique de créer un plan d'action clair et réaliste, en identifiant les étapes spécifiques nécessaires pour atteindre l'objectif.

La méthode GROW est un outil de coaching efficace qui permet à l'individu de clarifier ses objectifs, de comprendre sa situation actuelle et d'identifier les étapes nécessaires pour atteindre ses objectifs.

La méthode SMART :

La méthode SMART est une méthode de fixation d'objectifs utilisée dans de nombreux domaines, y compris le développement personnel et professionnel. SMART est un acronyme qui signifie :

- Spécifique (Specific) : L'objectif doit être clairement défini et spécifique, avec une description précise de ce que l'on veut accomplir.
- Mesurable (Measurable) : L'objectif doit être mesurable, c'est-à-dire qu'il doit être possible de quantifier les progrès réalisés et de vérifier si l'objectif est atteint.

- Atteignable (Achievable) : L'objectif doit être réaliste et atteignable, en prenant en compte les ressources disponibles, les compétences et les capacités.
- Pertinent (Relevant) : L'objectif doit être pertinent et cohérent avec les valeurs et les priorités de la personne qui le fixe.
- Temporellement défini (Time-bound) : L'objectif doit être associé à une échéance, c'est-à-dire une date butoir pour atteindre l'objectif.

En utilisant la méthode SMART, il est plus facile de définir des objectifs clairs, précis et atteignables, et de suivre les progrès réalisés en vue de les atteindre. La méthode permet également de s'assurer que les objectifs sont en ligne avec les valeurs et les priorités de la personne qui les fixe, et d'éviter de fixer des objectifs irréalistes ou inadaptés.

La méthode de l'approche centrée sur la personne :

L'approche centrée sur la personne est une méthode de développement personnel créée par Carl Rogers dans les années 1950. Elle est basée sur l'idée que chaque individu possède les ressources nécessaires pour atteindre son potentiel maximal et que le rôle de l'accompagnateur est de créer un environnement favorable à l'expression de ces ressources.

Cette méthode repose sur trois principes fondamentaux :

- L'empathie : l'accompagnateur doit comprendre et ressentir les émotions de la personne qu'il accompagne, sans pour autant les partager.
- L'authenticité : l'accompagnateur doit être sincère et transparent dans sa relation avec la personne accompagnée.
- La considération positive inconditionnelle : l'accompagnateur doit accepter la personne telle qu'elle est, sans jugement ni critique.

Pour mettre en pratique l'approche centrée sur la personne, l'accompagnateur doit écouter activement la personne accompagnée et lui poser des questions ouvertes pour l'encourager à explorer ses sentiments et ses pensées. Il doit également éviter de donner des conseils ou des solutions toutes faites, afin de favoriser l'autonomie et la responsabilisation de la personne accompagnée dans son processus de développement personnel.

La méthode de la PNL :

La PNL (Programmation Neurolinguistique) est une méthode de développement personnel qui se concentre sur l'étude de la communication interpersonnelle, la façon dont les gens perçoivent leur expérience, et comment ils peuvent utiliser cette compréhension pour améliorer leur vie. Elle a été développée dans les années 1970 par Richard BANDLER et John GRINDER, qui ont étudié les modèles de comportement de personnes exceptionnellement douées dans des domaines comme la thérapie et le leadership.

La PNL est basée sur l'idée que les pensées, les émotions et les comportements sont interconnectés, et que ces éléments peuvent être influencés pour atteindre des résultats désirés. La méthode utilise une variété de techniques pour aider les individus à atteindre leurs objectifs, y compris la visualisation, la répétition de comportements efficaces, et la reformulation de pensées négatives en pensées positives.

La PNL utilise également des techniques de langage pour aider les individus à mieux comprendre leurs propres modèles de pensée, à communiquer plus efficacement avec les autres, et à résoudre les conflits. Ces techniques peuvent inclure la reformulation des phrases, la modulation de la voix et la lecture du langage corporel.

En fin de compte, la PNL est conçue pour aider les individus à mieux se comprendre et à mieux comprendre les autres, à améliorer leurs compétences en communication, à renforcer leur confiance en eux, et à atteindre leurs objectifs personnels et professionnels.

La méthode de la psychologie positive :

La psychologie positive est une méthode de développement personnel qui se concentre sur les aspects positifs de la vie et sur les moyens d'améliorer la qualité de vie. Elle a pour but de favoriser le bien-être émotionnel, la satisfaction et le sens de l'épanouissement personnel.

Cette méthode s'appuie sur différentes techniques telles que la gratitude, la méditation, la visualisation positive, l'optimisme, la résilience, la créativité, le flow (état de concentration intense et de plaisir lors d'une activité), la force de caractère (GRIT en anglais) et la motivation.

La psychologie positive met l'accent sur l'identification et la valorisation des forces et des qualités individuelles plutôt que sur les faiblesses et les insuffisances. Elle permet ainsi de développer la confiance en soi, l'estime de soi, l'optimisme, la résilience et la motivation à atteindre ses objectifs.

Le but ultime de la psychologie positive est de favoriser le bien-être et la satisfaction de la vie.

La méthode de la roue de la vie :

La méthode de la roue de la vie est une technique de développement personnel qui permet de faire un bilan de sa vie et de prendre conscience de ses forces et de ses faiblesses dans différents domaines. Elle se base sur une représentation visuelle sous la forme d'une roue divisée en plusieurs secteurs correspondant aux différents domaines de la vie tels que la santé, la famille, la carrière, les loisirs, les relations, etc.

Pour utiliser cette méthode, il faut tout d'abord dessiner une roue de la vie avec les différents secteurs et leur attribuer une note sur 10 selon son niveau de satisfaction dans chaque domaine. Ensuite, il s'agit de se poser des questions pour identifier les actions à mettre en place pour améliorer chaque secteur et rééquilibrer sa vie. Cette méthode permet de visualiser rapidement les domaines qui sont à améliorer et de prioriser les actions à mettre en place pour atteindre ses objectifs.

La roue de la vie peut être utilisée en coaching individuel ou en groupe, mais elle peut également être utilisée de façon personnelle pour faire un bilan de sa vie et se fixer des objectifs. C'est une méthode simple et efficace pour se motiver et se concentrer sur ce qui est important pour soi.

La méthode du questionnement :

La méthode du questionnement consiste à se poser des questions pour explorer ses pensées, ses émotions et ses comportements. Cette méthode permet de mieux comprendre ses motivations, ses valeurs et ses croyances, ainsi que les obstacles qui empêchent d'atteindre ses objectifs.

Le questionnement peut se faire de différentes manières, par exemple en répondant à des questions ouvertes comme « Qu'est-ce qui m'empêche d'avancer ? » ou « Qu'est-ce qui me motive ? », en utilisant la méthode des 5 pourquoi qui consiste à se poser cinq fois la question « Pourquoi ? » pour explorer une problématique en profondeur, ou en utilisant la méthode du questionnement appréciatif qui consiste à se concentrer sur les forces, les réussites et les expériences positives pour trouver des solutions créatives et inspirantes.

Le questionnement peut être pratiqué individuellement ou en groupe, avec l'aide d'un coach, d'un thérapeute ou d'un facilitateur. Il permet de développer la conscience de soi, de clarifier ses objectifs, de stimuler la créativité et de trouver des solutions innovantes aux défis de la vie.

La méthode de la visualisation :

La méthode de la visualisation est une technique de développement personnel qui consiste à se projeter mentalement dans une situation positive et à la vivre comme si elle était réelle. Elle est souvent utilisée pour aider à atteindre des objectifs, renforcer la confiance en soi, améliorer la concentration et la créativité, réduire le stress, etc.

Pour pratiquer la visualisation, voici quelques étapes à suivre :

1. Trouvez un endroit calme et tranquille où vous ne serez pas dérangé.
2. Asseyez-vous confortablement et fermez les yeux.
3. Visualisez-vous dans une situation positive et réaliste. Par exemple, si votre objectif est de réussir un examen, imaginez-vous en train de réussir l'examen, de répondre aux questions avec facilité, de ressentir la satisfaction d'avoir réussi, etc.
4. Essayez d'utiliser tous vos sens pour rendre l'expérience aussi réelle que possible. Que voyez-vous ? Que ressentez-vous ? Que sentez-vous ? Que goûtez-vous ? Qu'entendez-vous ?
5. Restez dans cette situation positive aussi longtemps que vous le souhaitez.

6. Lorsque vous êtes prêt, ouvrez les yeux et revenez à la réalité.

Il est important de noter que la visualisation ne garantit pas que votre objectif sera atteint, mais elle peut vous aider à renforcer votre motivation et votre confiance en vous, ce qui peut augmenter vos chances de succès.

La méthode de la communication non-violente :

La Communication Non-Violente (CNV) est une méthode de communication développée par le psychologue américain Marshall Rosenberg. Cette méthode repose sur la communication empathique, c'est-à-dire la capacité à ressentir ce que l'autre personne ressent, à écouter avec bienveillance et sans jugement. L'objectif est de permettre une communication authentique et respectueuse, en évitant les jugements, les critiques et les interprétations.

La CNV est basée sur quatre étapes :

1. L'observation : il s'agit de décrire de manière neutre une situation, sans jugement ni interprétation.
2. Les sentiments : identifier et exprimer ses sentiments liés à cette situation, sans jugement ni reproche envers l'autre.
3. Les besoins : identifier les besoins non satisfaits liés à cette situation, sans les confondre avec des demandes ou des exigences.
4. Les demandes : formuler des demandes claires et respectueuses, en exprimant les besoins qui les sous-tendent.

L'objectif de cette méthode est de permettre aux personnes de communiquer de manière authentique, d'exprimer leurs besoins et leurs ressentis sans agressivité ni violence, et de trouver des solutions satisfaisantes pour toutes les parties. La CNV est souvent utilisée dans les relations personnelles, familiales ou professionnelles, ainsi que dans le domaine de la résolution de conflits.

La méthode de la sophrologie :

La sophrologie est une méthode de développement personnel qui a été créée dans les années 1960 par le neuropsychiatre Alfonso CAYCEDO. Elle repose sur la relaxation, la respiration, la visualisation positive et la méditation.

La sophrologie vise à aider les individus à mieux gérer leur stress, leurs émotions, leurs peurs et leurs douleurs. Elle permet de renforcer la confiance en soi, la concentration et la créativité, et d'améliorer la qualité de vie en général.

La pratique de la sophrologie consiste en des exercices de respiration, de relaxation et de visualisation mentale. Elle peut être pratiquée individuellement ou en groupe, en séances d'une durée de 30 à 60 minutes.

La sophrologie est particulièrement utile pour les personnes souffrant de stress, d'anxiété, de phobies, de troubles du sommeil, de douleurs chroniques ou de dépression. Elle peut également être utilisée pour améliorer les performances sportives ou professionnelles, pour accompagner une période de changement ou pour préparer une intervention médicale.

La méthode de l'autohypnose :

L'autohypnose est une méthode qui permet à une personne de s'induire elle-même dans un état de transe hypnotique. Contrairement à l'hypnose pratiquée par un professionnel, l'autohypnose peut être pratiquée par la personne elle-même, sans l'aide d'un hypnotiseur.

La technique de l'autohypnose consiste en général à se mettre dans un état de relaxation profonde, puis à se concentrer sur un objectif spécifique (par exemple, arrêter de fumer, surmonter une phobie, réduire le stress). En se concentrant sur cet objectif, la personne utilise des suggestions et des visualisations pour modifier son comportement et ses pensées.

L'autohypnose peut être pratiquée à l'aide d'un enregistrement audio, d'un livre ou d'un coach en ligne, ou bien la personne peut développer ses propres techniques d'autohypnose. La pratique régulière de l'autohypnose peut aider à améliorer l'estime de soi, à réduire le stress, à améliorer la concentration, à augmenter la confiance en soi, à soulager la douleur et à surmonter les phobies et les troubles anxieux.

Les bases du développement personnel :

Les bases de développement personnel incluent plusieurs éléments qui sont considérés comme essentiels pour le développement personnel.

Les principaux éléments comprennent :

1. La connaissance de soi : la connaissance de ses valeurs, ses croyances, ses forces et ses faiblesses est importante pour comprendre qui on est et pour prendre des décisions qui nous correspondent.
2. La définition d'objectifs : la fixation d'objectifs clairs et réalisables est importante pour se donner une direction et pour mesurer les progrès.
3. La gestion du temps : la gestion efficace du temps est essentielle pour maximiser la productivité et atteindre ses objectifs.
4. La communication : la communication est importante pour établir des relations solides et pour résoudre les conflits.
5. La gestion du stress : la gestion du stress est importante pour maintenir un état d'esprit positif et pour éviter les conséquences négatives du stress sur la santé mentale et physique.
6. La créativité : la créativité est importante pour développer de nouvelles compétences et pour explorer de nouvelles perspectives.
7. L'apprentissage continu : l'apprentissage continu est important pour améliorer ses compétences et pour rester compétitif dans le monde en constante évolution.

Ces éléments de base peuvent varier selon les théories et les approches en développement personnel. Cependant, ils constituent des fondements solides pour toute personne qui souhaite entreprendre une démarche de développement personnel.

Le déroulement du développement personnel :

Le développement personnel est un processus continu qui peut se dérouler de différentes manières selon les besoins et les objectifs de chaque personne.

Cependant, voici quelques étapes générales qui peuvent être suivies dans le déroulement du développement personnel :

1. Évaluation de soi : Il est important de commencer par une évaluation honnête de soi-même, en identifiant ses forces, ses faiblesses, ses intérêts, ses valeurs, ses croyances, ses comportements et ses habitudes.
2. Fixation d'objectifs : Une fois que vous avez évalué vos forces et vos faiblesses, vous pouvez fixer des objectifs clairs et précis pour vous-même. Ces objectifs doivent être spécifiques, mesurables, réalisables, pertinents et temporels (SMART).
3. Planification : Après avoir fixé vos objectifs, vous devez planifier les actions que vous allez entreprendre pour les atteindre. Il peut être utile de diviser chaque objectif en étapes plus petites et plus réalisables.
4. Mise en œuvre : Une fois que vous avez établi un plan d'action, vous pouvez commencer à mettre en œuvre vos actions. Cela peut inclure la participation à des formations, la lecture de livres, la participation à des groupes de soutien, etc.
5. Autoréflexion : Il est important de prendre le temps de réfléchir sur vos progrès et d'évaluer régulièrement si vous êtes sur la bonne voie pour atteindre vos objectifs.
6. Ajustement et adaptation : Si vous constatez que vos actions ne vous rapprochent pas de vos objectifs, vous pouvez ajuster votre plan et trouver des alternatives qui fonctionnent mieux pour vous.
7. Continuité : Le développement personnel est un processus continu qui peut prendre du temps et qui nécessite de la persévérance. Il est important de continuer à travailler sur vous-même même après avoir atteint vos objectifs initiaux, en fixant de nouveaux objectifs pour continuer à évoluer et à grandir.

La vérification de la bonne conduite du processus du développement personnel :

La vérification de la bonne conduite du développement personnel peut se faire de différentes manières :

1. L'auto-évaluation : il s'agit de prendre du temps pour réfléchir à ses progrès, ses réussites, ses échecs et ce qu'on peut faire pour s'améliorer. Il peut être utile de tenir un journal pour noter ses réflexions et ses objectifs.
2. Le feedback d'autrui : demander à des personnes de confiance de partager leur point de vue sur nos progrès peut être très utile pour voir ce qu'on a accompli et ce qu'il reste à travailler.
3. L'analyse de ses résultats : si l'on travaille avec un coach ou un thérapeute, il peut être utile de faire un bilan régulier pour voir si on progresse dans la bonne direction.
4. Les signes extérieurs : les signes extérieurs de la réussite peuvent également être des indicateurs de progrès dans le développement personnel, tels que le sentiment de bien-être, la confiance en soi, l'amélioration des relations interpersonnelles, etc.

Il est important de garder à l'esprit que le développement personnel est un processus continu et qu'il peut y avoir des hauts et des bas. Il est important de ne pas se décourager et de continuer à travailler vers ses objectifs.

Analyse et suivi du processus de développement personnel :

Le processus de développement personnel peut varier d'une personne à l'autre, mais il peut généralement être analysé en plusieurs étapes :

1. Prise de conscience : la première étape du développement personnel consiste souvent à prendre conscience de soi-même, de ses valeurs, de ses croyances, de ses comportements, de ses émotions, de ses désirs et de ses objectifs. Cette prise de conscience peut se faire grâce à une réflexion personnelle, une observation de ses comportements, des feedbacks de ses proches ou encore des tests de personnalité.

2. Évaluation : après avoir pris conscience de soi-même, il est important d'évaluer son état actuel en identifiant les domaines de sa vie qui nécessitent des améliorations. Cette étape peut impliquer de se poser des questions sur ses forces et faiblesses, ses réussites et échecs, ses relations interpersonnelles, sa santé physique et mentale, son niveau de satisfaction professionnelle, etc.
3. Planification : une fois que les domaines à améliorer ont été identifiés, la planification est l'étape suivante. Elle consiste à établir des objectifs clairs, spécifiques, mesurables, réalisables et temporels (SMART) pour chaque domaine d'amélioration. Il est important de déterminer des étapes intermédiaires et des échéances pour chaque objectif.
4. Mise en action : cette étape est cruciale pour le développement personnel, car elle implique de mettre en pratique les plans établis. Il s'agit souvent d'une période d'apprentissage et de changement où la personne doit sortir de sa zone de confort, expérimenter de nouvelles façons de faire les choses, et persévérer face aux obstacles.
5. Évaluation et ajustement : une fois que les objectifs ont été atteints ou les plans ont été mis en place, il est important d'évaluer les résultats pour déterminer si les objectifs ont été atteints et si les plans ont été efficaces. Si les résultats ne sont pas satisfaisants, il peut être nécessaire de revoir la planification, de modifier les objectifs ou d'ajuster les actions.
6. Maintien : le développement personnel est un processus continu qui nécessite de maintenir les nouvelles habitudes et comportements adoptés pour atteindre les objectifs. Cette étape peut nécessiter une répétition des actions jusqu'à ce qu'elles deviennent une seconde nature et que le changement devienne durable.
7. Nouveaux objectifs : une fois que les objectifs initiaux ont été atteints, il est possible de se fixer de nouveaux objectifs pour continuer à progresser dans sa vie personnelle et professionnelle. Le processus de développement personnel est donc un cycle continu de prise de conscience, d'évaluation, de planification, d'action, d'évaluation et d'ajustement.

Vérification de la réussite du processus de développement personnel :

Le processus de développement personnel peut varier d'une personne à l'autre, mais il peut généralement être analysé en plusieurs étapes :

1. Prise de conscience : la première étape du développement personnel consiste souvent à prendre conscience de soi-même, de ses valeurs, de ses croyances, de ses comportements, de ses émotions, de ses désirs et de ses objectifs. Cette prise de conscience peut se faire grâce à une réflexion personnelle, une observation de ses comportements, des feedbacks de ses proches ou encore des tests de personnalité.
2. Évaluation : après avoir pris conscience de soi-même, il est important d'évaluer son état actuel en identifiant les domaines de sa vie qui nécessitent des améliorations. Cette étape peut impliquer de se poser des questions sur ses forces et faiblesses, ses réussites et échecs, ses relations interpersonnelles, sa santé physique et mentale, son niveau de satisfaction professionnelle, etc.
3. Planification : une fois que les domaines à améliorer ont été identifiés, la planification est l'étape suivante. Elle consiste à établir des objectifs clairs, spécifiques, mesurables, réalisables et temporels (SMART) pour chaque domaine d'amélioration. Il est important de déterminer des étapes intermédiaires et des échéances pour chaque objectif.
4. Mise en action : cette étape est cruciale pour le développement personnel, car elle implique de mettre en pratique les plans établis. Il s'agit souvent d'une période d'apprentissage et de changement où la personne doit sortir de sa zone de confort, expérimenter de nouvelles façons de faire les choses, et persévérer face aux obstacles.
5. Évaluation et ajustement : une fois que les objectifs ont été atteints ou les plans ont été mis en place, il est important d'évaluer les résultats pour déterminer si les objectifs ont été atteints et si les plans ont été efficaces. Si les résultats ne sont pas satisfaisants, il peut être nécessaire de revoir la planification, de modifier les objectifs ou d'ajuster les actions.
6. Maintien : le développement personnel est un processus continu qui nécessite de maintenir les nouvelles habitudes et comportements adoptés pour atteindre les objectifs. Cette étape peut nécessiter une

répétition des actions jusqu'à ce qu'elles deviennent une seconde nature et que le changement devienne durable.

7. Nouveaux objectifs : une fois que les objectifs initiaux ont été atteints, il est possible de se fixer de nouveaux objectifs pour continuer à progresser dans sa vie personnelle et professionnelle. Le processus de développement personnel est donc un cycle continu de prise de conscience, d'évaluation, de planification, d'action, d'évaluation et d'ajustement.

La finalité du processus de développement personnel :

La finalité du processus de développement personnel peut varier en fonction des objectifs et des aspirations de chaque individu. Cependant, en général, la finalité est de parvenir à une meilleure connaissance de soi, une meilleure acceptation de soi, une amélioration de ses compétences et de son bien-être global. Cela peut conduire à une vie plus épanouissante, plus consciente et plus alignée avec ses valeurs et ses aspirations profondes. De plus, le développement personnel peut également avoir un impact positif sur les relations interpersonnelles et sur la façon dont on interagit avec le monde qui nous entoure.

Les éléments qui participent à la réussite du processus de développement personnel :

Le succès du processus de développement personnel dépend de plusieurs éléments. Voici quelques éléments qui peuvent participer à sa réussite :

1. La motivation : pour que le processus soit efficace, il est important que la personne soit motivée à changer et à s'investir dans ce processus.
2. La persévérance : le développement personnel peut être un processus long et difficile, il est donc important de persévérer et de ne pas abandonner.
3. L'ouverture d'esprit : pour pouvoir apprendre et évoluer, il est important d'avoir une certaine ouverture d'esprit et d'être prêt à remettre en question certaines de ses croyances et habitudes.
4. La capacité à se remettre en question : pour progresser, il est important de prendre du recul sur ses comportements et ses actions,

et d'être capable de s'auto-évaluer pour identifier ses forces et ses faiblesses.

5. La discipline : le développement personnel peut demander une certaine discipline et un travail régulier pour intégrer de nouvelles habitudes et comportements.
6. L'accompagnement : avoir un accompagnement professionnel ou un soutien de son entourage peut aider à maintenir la motivation et à progresser plus rapidement.
7. La patience : le développement personnel peut prendre du temps, il est donc important d'être patient et de ne pas se décourager si les résultats ne sont pas immédiats.

L'épanouissement personnel chez soi :

L'épanouissement à la maison est un élément clé du développement personnel car c'est un lieu où nous passons une grande partie de notre temps.

Voici quelques conseils pour favoriser l'épanouissement à la maison :

1. Créer un environnement de vie agréable : Il est important de créer un environnement qui soit agréable et accueillant pour vous. Vous pouvez ajouter des plantes, des coussins, des photos, de la musique, de l'art et des couleurs qui vous plaisent. Un espace de vie agréable peut favoriser un sentiment de calme et de sérénité.
2. Organiser son espace de vie : Un environnement de vie bien organisé peut aider à réduire le stress et l'anxiété. Vous pouvez organiser vos affaires en utilisant des étagères, des boîtes et des cintres. Un espace de vie bien rangé peut vous aider à vous sentir plus en contrôle et à vous concentrer sur vos priorités.
3. Prendre soin de soi : Prenez soin de votre corps en vous alimentant sainement et en faisant de l'exercice régulièrement. Prenez soin de votre esprit en pratiquant la méditation, la respiration profonde et en vous engageant dans des activités qui vous apportent de la joie.
4. Se connecter avec les autres : La famille et les amis peuvent apporter un soutien émotionnel important et contribuer à l'épanouissement à la maison. Organisez des dîners, des soirées de jeux ou des activités en famille pour renforcer les liens.

5. Apprendre de nouvelles choses : Essayez de nouvelles choses à la maison, comme cuisiner de nouveaux plats, apprendre un nouvel instrument ou un nouveau passe-temps. Cela peut aider à maintenir un sentiment de curiosité et de motivation dans votre vie quotidienne.
6. Prendre du temps pour soi : Il est important de prendre du temps pour soi, de se reposer et de se détendre. Planifiez du temps pour lire un livre, prendre un bain relaxant ou regarder un film. Prendre du temps pour soi peut aider à réduire le stress et à favoriser un sentiment de bien-être.
7. Créez un environnement sain : Assurez-vous que votre maison est un endroit agréable et accueillant. Gardez-la propre et organisée pour créer une atmosphère propice à la détente et à la réflexion.
8. Prenez du temps pour vous : Réservez du temps chaque jour pour vous détendre et faire des activités qui vous plaisent. Que ce soit la lecture d'un livre, le visionnage d'un film ou la pratique d'un hobby, prenez du temps pour vous ressourcer.
9. Cultivez des relations saines : Des relations saines avec votre famille et vos amis peuvent vous apporter beaucoup de bonheur et de soutien émotionnel. Investissez dans ces relations en passant du temps avec vos proches et en leur accordant de l'attention et de l'affection.
10. Évitez les conflits inutiles : Les conflits avec les membres de votre famille ou les colocataires peuvent être sources de stress et d'anxiété. Évitez les situations qui peuvent causer des tensions inutiles et apprenez à communiquer efficacement pour résoudre les conflits qui surviennent.
11. Soyez reconnaissant : La gratitude est un élément important du bien-être émotionnel. Prenez le temps chaque jour pour réfléchir à ce pour quoi vous êtes reconnaissant dans votre vie et exprimez votre gratitude à ceux qui vous entourent.

En suivant ces conseils, vous pouvez créer un environnement positif à la maison qui favorise votre épanouissement personnel et émotionnel.

L’épanouissement personnel au travail :

L'épanouissement personnel au travail est un aspect important du développement personnel, car une grande partie de notre vie adulte est consacrée au travail.

Voici quelques conseils pour favoriser votre épanouissement au travail :

1. Trouvez un travail qui vous passionne : Il est important de trouver un travail qui vous intéresse vraiment et qui vous donne un sentiment d'accomplissement. Si vous travaillez dans un domaine qui ne vous passionne pas, il sera difficile de trouver de la satisfaction dans votre travail.
2. Développez vos compétences : Apprenez de nouvelles compétences et prenez des initiatives pour développer vos connaissances dans votre domaine. Cela vous donnera un sentiment de confiance en vous et vous aidera à avancer dans votre carrière.
3. Établissez des relations positives : Ayez une attitude positive et établissez des relations de travail saines et positives avec vos collègues et votre équipe. Une atmosphère de travail positive peut améliorer votre bien-être et votre productivité.
4. Fixez des objectifs : Fixez des objectifs réalistes et spécifiques pour vous-même et travaillez à les atteindre. Cela vous donnera un sentiment de direction et de contrôle sur votre travail.
5. Prenez soin de votre bien-être : Prenez soin de votre santé physique et mentale en faisant de l'exercice, en mangeant sainement, en dormant suffisamment et en pratiquant la pleine conscience. Cela vous aidera à rester concentré, énergique et à améliorer votre humeur au travail.

En résumé, l'épanouissement personnel au travail implique de trouver un travail passionnant, de développer vos compétences, d'établir des relations positives, de fixer des objectifs, et de prendre soin de votre bien-être physique et mental. En appliquant ces conseils, vous pouvez vous épanouir et réussir dans votre vie professionnelle.

L'épanouissement personnel lors de son temps libre :

L'épanouissement personnel peut également se produire pendant le temps libre, car c'est un moment où vous pouvez vous concentrer sur vous-même et sur vos passions.

Voici quelques idées pour vous aider à vous épanouir personnellement pendant votre temps libre :

1. Explorez de nouveaux passe-temps : essayez quelque chose de nouveau qui vous passionne, comme la peinture, le jardinage, la cuisine, la photographie, la danse, etc. Vous pouvez également rejoindre des groupes ou des clubs pour rencontrer des gens partageant les mêmes centres d'intérêt.
2. Pratiquez la méditation ou le yoga : ces pratiques peuvent vous aider à vous recentrer et à réduire votre stress. Trouvez un endroit calme et pratiquez-les régulièrement.
3. Lisez des livres inspirants : les livres de développement personnel, les romans inspirants, les biographies et les mémoires peuvent tous vous aider à vous épanouir personnellement en vous donnant des idées et des perspectives nouvelles.
4. Voyagez : explorer de nouveaux endroits peut être une expérience enrichissante et inspirante qui peut vous aider à élargir vos horizons.
5. Faites du bénévolat : donner de votre temps et de votre énergie pour aider les autres peut être une expérience enrichissante qui peut vous aider à vous sentir connecté et utile.
6. Entourez-vous de personnes positives : passez du temps avec des personnes qui vous inspirent et qui vous soutiennent dans vos objectifs et vos rêves.
7. Prenez soin de votre corps : l'exercice régulier, une alimentation saine et suffisamment de sommeil sont tous des éléments clés pour se sentir bien dans sa peau et pour maintenir une bonne santé physique et mentale.

En bref, en consacrant du temps à des activités qui vous passionnent, en prenant soin de votre corps et de votre esprit, et en passant du temps avec des personnes positives, vous pouvez vous épanouir personnellement pendant votre temps libre.

L'épanouissement personnel adapté aux enfants :

L'épanouissement personnel est également important pour les enfants, car il les aide à se construire une estime de soi positive, à développer leur confiance en eux et leur capacité à gérer leurs émotions.

Voici quelques conseils pour aider les enfants à s'épanouir :

1. Encouragez-les à poursuivre leurs passions et leurs intérêts. Les activités qu'ils aiment faire peuvent les aider à développer leur créativité et leur confiance en eux.
2. Aidez-les à fixer des objectifs réalisables. Cela peut les aider à apprendre à persévérer et à développer leur sens de la responsabilité.
3. Apprenez-leur à gérer leurs émotions. Les enfants ont souvent du mal à exprimer leurs émotions, il est donc important de leur apprendre à reconnaître et à gérer leurs émotions de manière saine.
4. Encouragez-les à essayer de nouvelles choses. Les enfants qui ont peur de l'échec ou qui manquent de confiance en eux peuvent hésiter à essayer de nouvelles choses, mais il est important de leur apprendre que l'échec est une partie normale du processus d'apprentissage.
5. Offrez-leur un environnement positif et stimulant. Les enfants ont besoin d'un environnement positif pour s'épanouir, alors offrez-leur un environnement qui les encourage à explorer, à apprendre et à grandir.

En bref, en aidant les enfants à s'épanouir personnellement, vous leur donnez les outils pour réussir dans leur vie future et pour devenir des adultes épanouis et confiants.

L'épanouissement personnel adapté aux adolescents :

L'adolescence est une période de transformation physique, émotionnelle et mentale. Les adolescents sont souvent confrontés à des défis tels que la pression des pairs, la construction de leur identité et la préparation à l'avenir. Pour les aider à développer leur épanouissement personnel.

Voici quelques conseils adaptés aux adolescents :

1. Encourager l'expression de soi : Les adolescents ont besoin d'un espace où ils peuvent exprimer leurs sentiments et leurs pensées librement. Encouragez-les à parler de leurs préoccupations, de leurs craintes et de leurs rêves.
2. Favoriser les activités créatives : Les activités créatives comme la peinture, la musique ou l'écriture peuvent aider les adolescents à exprimer leurs émotions et à se découvrir eux-mêmes.
3. Encourager l'activité physique : Les adolescents ont besoin de bouger et de se dépenser. L'activité physique peut aider à réduire le stress et à améliorer l'humeur.
4. Développer des compétences : Aider les adolescents à développer leurs compétences peut renforcer leur confiance en eux-mêmes et leur donner un sentiment d'accomplissement.
5. Favoriser l'apprentissage continu : Encouragez les adolescents à continuer à apprendre et à explorer de nouveaux sujets. Cela peut les aider à développer leur curiosité et leur passion.
6. Encourager la prise de décision autonome : Les adolescents doivent apprendre à prendre des décisions autonomes et à assumer les conséquences de leurs choix.
7. Cultiver des relations saines : Les adolescents ont besoin de relations saines et positives avec leurs pairs, leur famille et leur communauté. Encouragez-les à cultiver des relations saines et à s'entourer de personnes positives.

En encourageant ces pratiques, les adolescents peuvent développer leur épanouissement personnel et leur bien-être général.

L'épanouissement personnel adapté aux femmes :

L'épanouissement personnel est un cheminement individuel qui peut être adapté à chaque personne en fonction de ses besoins, de son contexte de vie, de ses expériences et de sa personnalité. Cependant, en tant que femme, il peut y avoir des défis et des enjeux spécifiques à prendre en compte pour favoriser son épanouissement personnel.

Voici quelques conseils adaptés aux femmes pour favoriser leur épanouissement personnel :

1. Prendre soin de soi : Les femmes ont souvent tendance à mettre les besoins des autres avant les leurs. Il est important de prendre le temps de prendre soin de soi, que ce soit en s'accordant des moments de détente, en pratiquant une activité physique régulière, en mangeant sainement, en dormant suffisamment, etc.
2. Identifier ses besoins et ses valeurs : Il est important de réfléchir à ses besoins et à ses valeurs personnelles pour mieux se connaître et prendre des décisions en accord avec soi-même. Cela peut aider à éviter de s'engager dans des projets ou des relations qui ne sont pas alignés avec ses valeurs et à se sentir plus épanouie dans ses choix de vie.
3. Développer son estime de soi : Les femmes sont souvent confrontées à des pressions sociales et culturelles qui peuvent affecter leur estime de soi. Il est important de travailler sur son estime de soi pour se sentir confiante, valorisée et respectée dans sa vie personnelle et professionnelle.
4. Se fixer des objectifs : Avoir des objectifs personnels et professionnels clairs peut aider à se sentir motivée, à se développer et à atteindre son plein potentiel. Il est important de se fixer des objectifs qui sont réalisables, pertinents et alignés avec ses besoins et ses valeurs.
5. Cultiver des relations saines : Les relations personnelles et professionnelles peuvent avoir un impact important sur l'épanouissement personnel des femmes. Il est important de cultiver des relations saines, basées sur le respect, la confiance et la communication ouverte. Il est également important de savoir poser des limites claires et de s'éloigner des relations toxiques.
6. Se former et apprendre : Se former et apprendre de nouvelles compétences peut aider les femmes à se sentir plus confiantes et à se développer dans leur vie professionnelle et personnelle. Il peut s'agir de suivre des formations, de lire des livres, de participer à des ateliers, etc.
7. Prendre des risques : Prendre des risques et sortir de sa zone de confort peut être effrayant, mais cela peut également être une source d'épanouissement personnel et de développement. Il est important d'être prête à prendre des risques calculés pour atteindre ses objectifs et se développer dans sa vie personnelle et professionnelle.

En résumé, l'épanouissement personnel des femmes peut être favorisé par la prise en compte de leurs besoins spécifiques, la valorisation de leurs talents, l'estime de soi, la communication, l'apprentissage continu et la prise de risques.

L'épanouissement personnel adapté aux couples :

L'épanouissement personnel adapté aux couples peut prendre plusieurs formes.

Voici quelques conseils pour favoriser l'épanouissement personnel dans une relation de couple :

1. Communication : Il est important de communiquer ouvertement et honnêtement avec son partenaire pour mieux se comprendre et mieux se soutenir mutuellement dans les épreuves.
2. Temps pour soi : Il est important de respecter les besoins personnels de chacun en accordant du temps pour des activités individuelles qui favorisent l'épanouissement personnel.
3. Activités communes : Il est également important de partager des activités communes qui favorisent la complicité et la connivence entre les partenaires.
4. Acceptation de l'autre : L'acceptation de l'autre tel qu'il est est une condition sine qua non pour favoriser l'épanouissement personnel et la croissance personnelle de chaque membre du couple.
5. Équilibre vie professionnelle/vie privée : Il est important de trouver un équilibre entre vie professionnelle et vie privée pour éviter les conflits et les tensions inutiles.
6. Développement de projets communs : La réalisation de projets communs peut favoriser le sentiment d'accomplissement et renforcer la relation de couple.

En somme, l'épanouissement personnel dans une relation de couple passe par une communication ouverte et honnête, le respect des besoins personnels de chacun, la promotion de la complicité et la connivence, l'acceptation de l'autre, l'équilibre vie professionnelle/vie privée et la réalisation de projets communs.

L'épanouissement personnel adapté aux retraités :

L'épanouissement personnel peut être tout aussi important pour les retraités que pour les personnes de tout âge. C'est une période de la vie où l'on a souvent plus de temps libre et plus de liberté pour explorer de nouveaux intérêts et activités.

Voici quelques conseils pour l'épanouissement personnel adapté aux retraités :

1. Explorez de nouveaux intérêts : Les retraités ont souvent plus de temps libre pour explorer de nouveaux intérêts et activités. Essayez de trouver quelque chose de nouveau que vous aimeriez apprendre ou une activité que vous aimeriez essayer. Cela peut être quelque chose de créatif comme la peinture ou la sculpture, ou quelque chose de plus actif comme la randonnée ou le yoga.
2. Restez socialement engagé : Il est important de rester socialement engagé même pendant la retraite. Rejoignez des groupes ou des clubs qui partagent vos intérêts, assistez à des événements communautaires ou organisez des rencontres avec vos amis et votre famille.
3. Voyagez : La retraite est un bon moment pour voyager et découvrir de nouveaux endroits. Planifiez des voyages avec votre partenaire ou vos amis pour visiter des endroits que vous avez toujours voulu voir.
4. Restez physiquement actif : L'exercice physique est important à tout âge, mais il est particulièrement plus important pour les retraités.
5. Maintenir une vie sociale active : Il est important pour les retraités de rester en contact avec leur famille, leurs amis et leur communauté. Ils peuvent participer à des clubs, à des groupes de discussion, à des activités culturelles ou sportives pour rencontrer de nouvelles personnes et rester engagés dans leur communauté.
6. S'engager dans des activités bénévoles : Les retraités peuvent trouver un grand épanouissement personnel en donnant de leur temps et de leur expérience à des organisations bénévoles. Cela peut également les aider à se sentir utiles et à rester actifs dans leur communauté.
7. Maintenir une vie saine : Les retraités peuvent se concentrer sur leur santé physique et mentale en pratiquant des activités telles que le yoga, la méditation, la natation ou la marche. Ils peuvent également manger sainement et éviter les comportements à risque.

8. Poursuivre une formation ou un passe-temps : Les retraités peuvent se lancer dans de nouveaux projets ou de nouveaux centres d'intérêt tels que la lecture, l'écriture, la musique, la peinture, etc. Ils peuvent également suivre des cours en ligne ou en personne pour apprendre de nouvelles compétences ou se perfectionner dans un domaine qui les intéresse.

Il est important de noter que chaque individu est différent et qu'il est important de trouver ce qui fonctionne le mieux pour soi en matière d'épanouissement personnel à la retraite.

Questions récurrentes et leurs réponses :

Quels sont les éléments qui font échouer le processus de développement personnel ?

Bien qu'il n'y ait pas de liste exhaustive d'éléments qui peuvent faire échouer un processus de développement personnel.

Voici quelques éléments qui peuvent entraver la réussite du processus :

1. Manque de motivation et d'engagement envers le processus : Le manque de motivation et d'engagement peut conduire à l'abandon prématuré du processus de développement personnel.
2. Attentes irréalistes : Les attentes irréalistes peuvent entraîner de la déception et de la frustration lorsque les résultats souhaités ne sont pas atteints dans les délais souhaités.
3. Résistance au changement : La résistance au changement peut empêcher une personne de progresser et de se développer personnellement.
4. Manque de confiance en soi : Le manque de confiance en soi peut limiter les actions entreprises dans le processus de développement personnel.
5. Manque de temps et de ressources : Le manque de temps et de ressources peut rendre difficile la participation au processus de développement personnel.

6. Manque de soutien social : Le manque de soutien social peut rendre difficile la motivation et l'engagement dans le processus de développement personnel.
7. Procrastination : La procrastination peut empêcher une personne de commencer ou de poursuivre le processus de développement personnel.
8. Manque de prise de responsabilité : Le manque de prise de responsabilité peut empêcher une personne de prendre les mesures nécessaires pour atteindre ses objectifs de développement personnel.

Quels sont les bienfaits du développement personnel ?

Le développement personnel peut apporter de nombreux bienfaits, tels que :

1. Amélioration de la confiance en soi et de l'estime de soi
2. Réduction du stress et de l'anxiété
3. Meilleure gestion des émotions
4. Développement de la résilience et de la capacité à faire face aux difficultés
5. Meilleure communication interpersonnelle
6. Développement de compétences et de connaissances utiles pour atteindre ses objectifs
7. Amélioration de la qualité de vie
8. Meilleure compréhension de soi et des autres
9. Augmentation de la motivation et de l'énergie
10. Développement de la créativité et de l'innovation.

Ces bienfaits peuvent varier en fonction de la personne et de ses objectifs spécifiques de développement personnel.

Qu'elle est la durée pour atteindre ses objectifs ?

Il n'y a pas de durée spécifique en développement personnel pour réussir car le succès dépend des objectifs individuels et des défis à surmonter. Certaines personnes peuvent voir des résultats immédiats en pratiquant des techniques de développement personnel telles que la méditation ou la visualisation, tandis que d'autres peuvent nécessiter une pratique plus longue pour obtenir des résultats.

Il est important de noter que le développement personnel est un processus continu et que la pratique régulière est nécessaire pour maintenir une croissance personnelle continue. Il est également important de se concentrer sur le progrès plutôt que sur la perfection, car chaque petit pas compte pour atteindre ses objectifs. En fin de compte, la clé du succès en développement personnel est la persévérance et la détermination à poursuivre ses objectifs malgré les obstacles qui peuvent se présenter sur le chemin.

Si j'ai des problèmes qui se présentent comment dois-je réagir ?

Si des problèmes se présentent, il est important de ne pas paniquer et de garder son calme. La première étape consiste à identifier clairement le problème et à évaluer la situation de manière objective. Ensuite, il est important de prendre du recul pour analyser les options possibles et les conséquences de chacune.

En développement personnel, une approche courante consiste à utiliser des techniques telles que la méditation ou la pleine conscience pour se concentrer sur le moment présent et trouver des solutions créatives. Il peut également être utile de se tourner vers des mentors, des coachs ou des amis de confiance pour obtenir des conseils et un soutien.

Il est également important de ne pas se laisser submerger par les émotions négatives qui peuvent surgir en cas de difficultés. Pratiquer l'autocompassion, la gratitude et la visualisation positive peut aider à maintenir une attitude positive et à rester motivé pour trouver des solutions.

Enfin, il est important de se rappeler que les problèmes sont une partie normale de la vie et que les difficultés peuvent être une occasion de croissance personnelle et de développement. En adoptant une attitude positive et en abordant les problèmes avec détermination et résilience, on peut surmonter les obstacles et réussir dans ses projets personnels et professionnels.

Comment mettre çà en pratique chaque jour ?

Voici quelques conseils pour mettre en pratique le développement personnel au quotidien :

1. Fixez des objectifs : Déterminez ce que vous souhaitez accomplir et écrivez vos objectifs. Assurez-vous qu'ils soient spécifiques, mesurables, réalisables, pertinents et temporels. Cela vous aidera à rester motivé et concentré sur ce que vous voulez accomplir.
2. Créez une routine : Créez une routine quotidienne qui inclut des activités de développement personnel telles que la méditation, la lecture de livres inspirants, l'écriture dans un journal ou l'exercice physique. Cette routine vous permettra de rester discipliné et de consacrer du temps chaque jour à votre développement personnel.
3. Pratiquez la gratitude : Prenez le temps chaque jour pour être reconnaissant des choses positives dans votre vie. Cela peut vous aider à cultiver une attitude positive et à vous concentrer sur les bonnes choses plutôt que sur les mauvaises.
4. Apprenez à vous connaître : Prenez le temps de vous connaître vous-même en identifiant vos forces et vos faiblesses. Cela vous aidera à mieux comprendre vos réactions et à identifier les domaines sur lesquels vous devriez travailler.
5. Entourez-vous de personnes positives : Passez du temps avec des personnes positives qui vous encouragent et vous soutiennent dans votre développement personnel. Évitez les personnes négatives qui vous tirent vers le bas.
6. Soyez ouvert d'esprit : Soyez ouvert d'esprit et prêt à apprendre de nouvelles choses. Lisez des livres sur des sujets qui vous intéressent, assistez à des conférences ou à des événements de développement personnel, et soyez prêt à essayer de nouvelles choses.

En mettant en pratique ces conseils chaque jour, vous pouvez progresser dans votre développement personnel et atteindre vos objectifs de manière plus efficace.

Comment transmettre les conseils des bienfaits du développement personnel à mon entourage proche ?

Voici quelques conseils pour transmettre les conseils de développement personnel à votre entourage proche :

1. Soyez un exemple : La meilleure façon de transmettre des conseils de développement personnel est d'être un exemple vivant. Mettez en pratique les principes que vous voulez transmettre et montrez à votre entourage comment ils ont amélioré votre vie.
2. Communiquez ouvertement : Partagez votre expérience avec votre entourage de manière ouverte et honnête. Expliquez comment vous avez appliqué les conseils de développement personnel dans votre vie et comment cela a eu un impact positif sur votre bien-être émotionnel et physique.
3. Respectez le choix des autres : Gardez à l'esprit que tout le monde n'est pas prêt à adopter les mêmes pratiques que vous. Respectez les choix et les opinions de votre entourage et ne les forcez pas à suivre les conseils de développement personnel si ce n'est pas leur choix.
4. Encouragez les petites actions : Encouragez votre entourage à adopter de petites actions pour améliorer leur vie quotidienne. Par exemple, invitez-les à pratiquer la gratitude en notant quelques choses pour lesquelles ils sont reconnaissants chaque jour.
5. Partagez des ressources : Si vous avez trouvé des livres, des articles ou des vidéos qui vous ont aidé dans votre parcours de développement personnel, partagez-les avec votre entourage. Cela peut les aider à mieux comprendre les concepts et à les mettre en pratique dans leur vie.
6. Soyez patient : Le changement ne se produit pas du jour au lendemain, donc soyez patient avec votre entourage et continuez à leur offrir votre soutien et vos encouragements. Ils peuvent prendre un certain temps pour adopter les conseils de développement personnel, mais avec le temps et la pratique, ils peuvent y arriver.

Puis-je appliquer les conseils du développement personnel à tous les domaines de ma vie courante ?

Oui, les conseils du développement personnel peuvent être appliqués à tous les domaines de votre vie courante. Que ce soit pour votre vie professionnelle ou personnelle, les principes de base du développement personnel restent les mêmes. Il s'agit notamment de l'auto-analyse, la prise de conscience, la gestion des émotions, la planification et la mise en œuvre des actions.

En appliquant ces principes à tous les domaines de votre vie, vous pouvez non seulement améliorer votre bien-être général, mais aussi atteindre vos objectifs personnels et professionnels. Par exemple, vous pouvez appliquer les techniques de la gestion du temps pour mieux organiser votre travail, utiliser des techniques de communication efficace pour améliorer vos relations avec les autres, et mettre en place des habitudes saines pour améliorer votre santé physique et mentale.

Cependant, il est important de se rappeler que les conseils de développement personnel ne sont pas une solution miracle et que chaque personne a des besoins et des objectifs différents. Il est important de trouver ce qui fonctionne pour vous et de l'adapter à vos propres circonstances et objectifs.

Voici quelques exemples de personnes qui ont utilisé le développement personnel pour réaliser leurs objectifs :

1. John, qui était un fumeur depuis de nombreuses années, a décidé qu'il voulait arrêter de fumer pour améliorer sa santé. Il a utilisé la technique de la visualisation pour se voir en train de vivre une vie saine et sans fumée. Il a également utilisé des affirmations positives pour renforcer sa motivation. Après plusieurs mois de pratique, John a réussi à arrêter de fumer et a remarqué une amélioration significative de sa santé.

2. Sarah voulait changer de carrière pour travailler dans un domaine qui la passionnait vraiment. Elle a commencé par faire une évaluation de ses compétences et de ses intérêts, puis a créé un plan d'action pour atteindre son objectif. Elle a utilisé la technique de la visualisation pour se voir travailler dans son nouveau domaine, et a travaillé dur pour acquérir les compétences nécessaires. Grâce à sa persévérance et à son

engagement envers son objectif, Sarah a réussi à obtenir un poste dans son domaine de prédilection.

3. Mark voulait perdre du poids pour améliorer sa santé et sa confiance en lui. Il a commencé par se fixer des objectifs réalistes en matière de perte de poids, puis a utilisé la technique de la visualisation pour se voir en train de manger sainement et de faire de l'exercice régulièrement. Il a également utilisé des affirmations positives pour renforcer sa motivation. Après plusieurs mois de pratique, Mark a réussi à perdre du poids et a remarqué une amélioration significative de sa santé et de son estime de soi.

4. Anna voulait améliorer ses relations avec sa famille et ses amis. Elle a commencé par faire une évaluation honnête de ses habitudes de communication et a identifié les domaines où elle pouvait s'améliorer. Elle a ensuite travaillé sur sa communication en utilisant des techniques telles que l'écoute active et la reformulation. Grâce à sa persévérance et à son engagement envers l'amélioration de ses relations, Anna a réussi à renforcer ses liens avec sa famille et ses amis.

5. Claire, une jeune femme qui a toujours rêvé de devenir avocate, mais qui a été découragée par son manque de confiance en elle. Après avoir commencé à lire des livres de développement personnel et à participer à des ateliers de confiance en soi, Claire a réussi à surmonter ses peurs et ses doutes. Elle a travaillé dur pour obtenir son diplôme de droit et a finalement réussi à obtenir un emploi dans un grand cabinet d'avocats.

6. Tom, un homme d'affaires ambitieux qui voulait devenir PDG de sa propre entreprise. Après avoir atteint un plateau dans sa carrière, Tom a commencé à chercher des moyens d'améliorer sa productivité et sa gestion du temps. Il a commencé à pratiquer la méditation et à suivre des cours de développement personnel axés sur la gestion du temps. Grâce à ces nouvelles compétences, Tom a été en mesure de se concentrer sur les

tâches les plus importantes et de faire avancer sa carrière. Il a finalement réussi à créer sa propre entreprise et est maintenant un PDG prospère.

7. Maria, une mère de deux enfants qui a toujours été passionnée par la danse. Cependant, elle a été découragée par ses proches qui ne voyaient pas la danse comme une carrière viable. Après avoir suivi des cours de développement personnel sur la confiance en soi et la poursuite de ses passions, Maria a décidé de suivre son rêve et de devenir danseuse professionnelle. Elle a travaillé dur pour améliorer ses compétences et a finalement réussi à obtenir un contrat avec une compagnie de danse réputée.

8. David, un homme timide qui avait du mal à se faire des amis et à nouer des relations. Après avoir découvert le développement personnel, David a commencé à travailler sur sa communication et sa confiance en lui. Il a suivi des cours de communication, a pratiqué la méditation et a rejoint des groupes sociaux pour rencontrer de nouvelles personnes. Grâce à ces efforts, David a réussi à se faire des amis et à nouer des relations significatives dans sa vie personnelle et professionnelle.

9. Sarah était une étudiante en médecine qui avait des difficultés à gérer son temps et à se concentrer sur ses études. Après avoir lu plusieurs livres de développement personnel sur la gestion du temps et la concentration, elle a commencé à utiliser des techniques telles que la planification minutieuse de son temps, la méditation et la visualisation pour se concentrer sur ses études. Elle a réussi à passer ses examens avec succès et a finalement obtenu son diplôme de médecine.

10. John était un cadre supérieur qui travaillait dur mais ne parvenait pas à atteindre ses objectifs de carrière. Après avoir assisté à une conférence de développement personnel, il a commencé à utiliser des techniques de visualisation et de planification stratégique pour se concentrer sur ses objectifs de carrière. Il a également commencé à travailler sur sa communication et ses compétences en leadership en lisant des livres sur

ces sujets. Grâce à son travail acharné et à sa persévérance, il a finalement été promu à un poste de direction supérieure dans son entreprise.

11. Emma était une jeune femme qui avait du mal à trouver sa voie dans la vie. Après avoir lu des livres sur la découverte de soi et l'épanouissement personnel, elle a commencé à explorer ses passions et ses intérêts en écrivant dans un journal, en essayant de nouvelles activités et en se concentrant sur ses valeurs personnelles. Elle a finalement découvert qu'elle aimait la photographie et a commencé à étudier cette discipline de manière plus approfondie. Elle a fini par devenir une photographe professionnelle accomplie et a trouvé un véritable épanouissement dans sa vie professionnelle.

12. Max était un homme qui avait du mal à gérer sa colère et ses émotions. Après avoir lu des livres de développement personnel sur la gestion des émotions et la communication efficace, il a commencé à pratiquer la méditation et à suivre des séances de thérapie pour apprendre à gérer sa colère de manière plus positive. Il a également travaillé sur sa communication en apprenant à exprimer ses sentiments de manière claire et respectueuse. Grâce à son travail personnel, il a réussi à améliorer ses relations personnelles et professionnelles, et a trouvé un plus grand bonheur et une plus grande paix intérieure.

13. Sophie est une jeune entrepreneure qui a commencé sa propre entreprise de vente en ligne de produits de beauté. Elle a utilisé le développement personnel pour surmonter sa peur de l'échec et pour rester motivée face aux défis. Elle a travaillé sur sa confiance en elle et sur sa capacité à gérer le stress pour réussir dans son entreprise.

14. Marc est un artiste talentueux qui rêvait de faire de sa passion pour l'art son métier. Il a utilisé le développement personnel pour surmonter sa peur de ne pas être à la hauteur et pour améliorer sa créativité. Il a également travaillé sur sa capacité à gérer les critiques et à rester motivé face aux obstacles.

15. Fatima est une mère de famille qui voulait retrouver une vie saine et équilibrée après avoir surmonté une maladie grave. Elle a utilisé le développement personnel pour améliorer sa santé physique et émotionnelle en adoptant de bonnes habitudes alimentaires, en pratiquant la méditation et en faisant de l'exercice régulièrement. Elle a également travaillé sur sa confiance en elle et sur sa capacité à gérer le stress pour retrouver une vie épanouissante.

16. Omar est un étudiant qui voulait réussir ses examens et entrer dans une grande école de commerce. Il a utilisé le développement personnel pour améliorer sa concentration, sa motivation et sa capacité à gérer son temps efficacement. Il a travaillé sur sa confiance en lui et sur sa capacité à se fixer des objectifs clairs pour réussir dans ses études.

17. Léa est une jeune femme qui rêvait de voyager et de découvrir de nouveaux horizons. Elle a utilisé le développement personnel pour surmonter sa peur de l'inconnu et pour améliorer sa confiance en elle. Elle a également travaillé sur sa capacité à sortir de sa zone de confort et à prendre des risques pour réaliser ses rêves de voyage et d'aventure.

18. Marie est une jeune femme timide qui rêve de devenir chanteuse. Elle prend des cours de chant et de danse, mais a du mal à se produire en public. Elle commence à lire des livres sur la confiance en soi et à pratiquer des exercices de méditation. Petit à petit, elle parvient à surmonter sa timidité et à se produire devant un public. Elle devient une chanteuse à succès et inspire d'autres jeunes femmes à poursuivre leurs rêves.

19. Ahmed est un jeune homme qui a toujours été passionné par les ordinateurs. Il travaille comme technicien informatique, mais il rêve de devenir programmeur. Il commence à apprendre la programmation en autodidacte et à suivre des cours en ligne. Il travaille dur et développe des applications innovantes. Il utilise également des techniques de gestion du temps pour mieux organiser son travail. Il finit par décrocher un emploi

dans une grande entreprise de technologie et réalise son rêve de devenir programmeur.

20. Anna est une mère célibataire qui travaille à temps plein et élève deux enfants. Elle rêve de devenir écrivaine, mais elle a du mal à trouver du temps pour écrire. Elle commence à utiliser des techniques de gestion du temps et à se lever plus tôt pour écrire avant d'aller travailler. Elle se fixe des objectifs clairs et utilise des méthodes de visualisation pour rester motivée. Elle finit par écrire son premier roman, qui devient un best-seller. Elle inspire d'autres mères célibataires à poursuivre leurs rêves tout en jonglant avec les défis de la vie quotidienne.

21. Mohammed est un jeune homme qui a grandi dans une famille pauvre. Il rêve de devenir entrepreneur, mais il n'a pas les moyens de suivre une formation universitaire. Il commence à lire des livres sur les entrepreneurs à succès et à assister à des conférences. Il commence à travailler dans une entreprise de vente en ligne et à apprendre les compétences nécessaires pour gérer une entreprise. Il utilise également des techniques de gestion financière pour économiser de l'argent et investir dans son propre projet. Il finit par lancer sa propre entreprise et devient un entrepreneur à succès. Il inspire d'autres jeunes issus de milieux modestes à poursuivre leurs rêves et à trouver des moyens créatifs pour y parvenir.

22. Maria avait toujours voulu être écrivaine, mais avait peur de ne pas être assez talentueuse. Elle a commencé à pratiquer l'écriture chaque jour et à suivre des cours en ligne pour perfectionner ses compétences. Elle a également travaillé sur sa confiance en elle en pratiquant la méditation et la visualisation. Après plusieurs mois de travail acharné, Maria a finalement publié son premier roman et a été reconnue comme une auteure talentueuse.

23. Antoine avait toujours rêvé de devenir entrepreneur, mais n'avait pas les compétences nécessaires pour créer sa propre entreprise. Il a commencé

à lire des livres sur l'entrepreneuriat et à assister à des conférences pour apprendre des experts en la matière. Il a également travaillé sur sa gestion du temps et sa capacité à prendre des risques en pratiquant la méditation et en se fixant des objectifs quotidiens. Finalement, Antoine a réussi à créer sa propre entreprise et a été salué comme un entrepreneur prometteur.

24. Anna était une mère célibataire qui avait du mal à joindre les deux bouts. Elle avait toujours voulu avoir une carrière dans la mode, mais avait mis ses rêves de côté pour élever sa famille. Elle a commencé à travailler sur sa confiance en elle en pratiquant la méditation et en travaillant avec un coach en développement personnel. Elle a également commencé à suivre des cours en ligne pour apprendre les compétences nécessaires pour travailler dans l'industrie de la mode. Finalement, Anna a réussi à décrocher un poste dans une grande entreprise de mode et a réalisé son rêve de carrière.

25. David avait des problèmes de colère et de communication qui affectaient sa vie personnelle et professionnelle. Il a commencé à travailler sur sa gestion des émotions en suivant des cours de thérapie cognitive et comportementale. Il a également travaillé sur sa communication en suivant des cours de communication non violente. Avec le temps, David a appris à mieux gérer ses émotions et à communiquer plus efficacement, ce qui lui a permis d'avoir des relations plus saines et d'avancer dans sa carrière.
26. Sarah avait toujours voulu perdre du poids, mais avait du mal à rester motivée pour faire de l'exercice et suivre un régime alimentaire sain. Elle a commencé à travailler sur sa motivation en pratiquant la méditation et en se fixant des objectifs réalistes. Elle a également travaillé avec un coach en nutrition pour apprendre à manger sainement. Finalement, Sarah a perdu du poids et a réussi à maintenir un mode de vie sain grâce à sa persévérance et à sa discipline.

27. Emma a toujours rêvé de devenir une artiste professionnelle, mais elle avait peur de se lancer et de se confronter aux critiques. Elle a décidé de

travailler sur sa confiance en elle en lisant des livres de développement personnel, en écoutant des podcasts inspirants et en pratiquant la méditation. Elle a finalement réussi à exposer ses œuvres dans une galerie locale et a reçu des critiques très positives.

28. Tom souhaitait perdre du poids depuis longtemps, mais il n'arrivait pas à trouver la motivation nécessaire pour changer son mode de vie. Il a commencé à lire des livres sur le développement personnel et a découvert l'importance de la visualisation et de la planification. Il a commencé à visualiser son corps idéal et à planifier ses repas et ses entraînements chaque semaine. Grâce à cette méthode, il a réussi à perdre 20 kilos et se sent beaucoup plus en forme et en bonne santé.

29. Sophia voulait changer de carrière depuis longtemps, mais elle ne savait pas quelle direction prendre. Elle a commencé à travailler avec un coach en développement personnel pour mieux comprendre ses valeurs et ses compétences, et pour identifier les domaines qui la passionnaient vraiment. Grâce à ce travail, elle a finalement trouvé sa voie et a lancé sa propre entreprise dans un domaine qui la motivait profondément.

30. Maxime était souvent stressé et anxieux au travail, ce qui affectait sa productivité et son bien-être. Il a commencé à pratiquer la pleine conscience en écoutant des méditations guidées et en pratiquant la respiration consciente. Il a également travaillé sur ses habitudes de travail, en prenant des pauses régulières et en se fixant des objectifs réalistes. Grâce à ces techniques, il a réussi à réduire son niveau de stress et à devenir beaucoup plus productif et épanoui dans son travail.

31. Sarah avait toujours été timide et réservée, ce qui l'empêchait souvent de s'exprimer en public et de nouer de nouvelles relations. Elle a commencé à travailler sur sa confiance en elle en lisant des livres de développement personnel et en pratiquant des techniques de communication assertive. Elle a également suivi des cours de théâtre pour améliorer sa prise de parole en public. Grâce à ces techniques, elle a réussi à devenir beaucoup

plus à l'aise dans ses interactions sociales et à prendre la parole en public avec confiance et assurance.

32. Julie était une employée timide et peu sûre d'elle. Après avoir suivi une formation en développement personnel, elle a appris à mieux communiquer et à avoir confiance en elle. Elle a ainsi été promue à un poste de direction et a réussi à atteindre ses objectifs professionnels.

33. Paul était un étudiant en médecine qui avait du mal à gérer le stress et la pression liés à ses études. Après avoir découvert les techniques de méditation et de relaxation, il a appris à mieux gérer ses émotions et à rester concentré. Il a ainsi réussi à obtenir son diplôme avec mention et à décrocher un poste dans l'un des meilleurs hôpitaux de la ville.

34. Marie était une mère de famille débordée qui avait du mal à concilier vie professionnelle et vie personnelle. Après avoir suivi un programme de coaching en développement personnel, elle a appris à mieux organiser son temps et à prendre soin d'elle. Elle a ainsi réussi à trouver un équilibre entre sa carrière et sa famille et à être plus épanouie au quotidien.

35. François était un artiste en herbe qui avait du mal à trouver sa voie. Après avoir participé à des ateliers de développement personnel, il a découvert ses talents cachés et a appris à les exploiter. Il a ainsi réussi à créer une œuvre qui a été exposée dans une galerie d'art renommée et a lancé sa carrière d'artiste.

36. Emma était une entrepreneure ambitieuse mais qui avait du mal à prendre des décisions importantes. Après avoir suivi une formation en développement personnel, elle a appris à mieux connaître ses valeurs et à prendre des décisions en accord avec celles-ci. Elle a ainsi réussi à développer son entreprise avec succès et à atteindre ses objectifs financiers.

37. Anna était une étudiante en médecine qui a toujours été passionnée par les soins palliatifs. Elle a suivi des cours de développement personnel pour améliorer sa confiance en elle et son leadership, et a finalement créé une

organisation à but non lucratif qui aide les patients en phase terminale à avoir une fin de vie plus confortable.

38. Ahmed était un ingénieur logiciel qui travaillait dans une grande entreprise depuis des années. Il avait envie de changer de carrière et de devenir entrepreneur, mais il ne savait pas par où commencer. Grâce à des séminaires de développement personnel, il a appris à gérer ses peurs et ses doutes, à établir un plan d'action et à prendre des risques. Il a finalement lancé sa propre entreprise de développement d'applications mobiles et a réussi à en faire un succès.

39. Clara était une jeune femme qui avait toujours été passionnée par la musique, mais elle avait du mal à s'exprimer en public. Elle a commencé à travailler sur son développement personnel en suivant des cours de chant et en pratiquant la méditation. Grâce à ces efforts, elle a finalement pu se produire en public, a été repérée par un agent et a signé un contrat avec une maison de disques.

40. David était un employé de bureau qui ne se sentait pas satisfait de sa vie professionnelle. Il a commencé à lire des livres sur le développement personnel et a découvert qu'il était passionné par la photographie. Il a commencé à pratiquer la photographie en amateur, à prendre des cours et à participer à des concours. Il a finalement quitté son emploi pour devenir photographe à plein temps et a connu un grand succès.

41. Fatima était une mère célibataire qui travaillait comme caissière dans un supermarché. Elle avait toujours voulu poursuivre des études supérieures, mais elle ne se sentait pas capable de le faire en raison de ses responsabilités familiales et de son manque de confiance en elle. Elle a commencé à travailler sur son développement personnel en pratiquant la visualisation et en se fixant des objectifs concrets. Elle a finalement réussi à obtenir une bourse pour étudier à l'université et a obtenu un diplôme en comptabilité.

42. Julie a toujours eu une passion pour l'art, mais elle a suivi les conseils de sa famille et a poursuivi une carrière en comptabilité. Après quelques années, elle a réalisé qu'elle n'était pas heureuse et qu'elle avait besoin

de changer de direction. Grâce à sa pratique du développement personnel, elle a trouvé le courage de quitter son travail et de poursuivre sa passion pour l'art. Aujourd'hui, elle est une artiste reconnue internationalement.

43. Marc était un étudiant en informatique brillant, mais il avait toujours été timide et peu confiant. Après avoir lu de nombreux livres de développement personnel, il a commencé à travailler sur sa confiance en soi et à sortir de sa zone de confort. Il a commencé à donner des présentations lors de conférences technologiques et à réseauter avec d'autres professionnels de l'informatique. Grâce à ses efforts, il a rapidement gravi les échelons et est aujourd'hui PDG d'une entreprise technologique de premier plan.

44. Sarah était une mère célibataire qui travaillait dur pour subvenir aux besoins de sa famille. Elle a toujours voulu retourner à l'école et obtenir un diplôme en psychologie, mais elle ne pensait pas que c'était possible en raison de ses responsabilités familiales et de ses finances limitées. Cependant, grâce à ses efforts en développement personnel, elle a appris à gérer son temps et à établir des priorités. Elle a également appris à demander de l'aide et a trouvé des bourses pour financer ses études. Elle a maintenant obtenu son diplôme et travaille comme psychologue pour aider d'autres personnes à surmonter leurs propres obstacles.

45. Amandine avait toujours été passionnée par les arts culinaires, mais elle avait abandonné son rêve de devenir chef pour poursuivre une carrière dans le monde des affaires. Cependant, grâce à des exercices de visualisation et à des techniques de méditation, elle a réussi à retrouver sa passion pour la cuisine et a finalement ouvert son propre restaurant.

46. Antoine était un joueur de poker professionnel, mais il se sentait souvent stressé et épuisé par son mode de vie. Après avoir découvert le développement personnel, il a appris à mieux gérer son stress et à trouver un équilibre entre sa vie professionnelle et personnelle. Il a continué à jouer au poker, mais avec une nouvelle approche plus saine et équilibrée, ce qui l'a finalement amené à remporter le tournoi le plus prestigieux de l'année.

47. Léa avait toujours été timide et mal à l'aise dans les situations sociales, ce qui l'empêchait souvent de faire des rencontres et de nouer des amitiés. Après avoir suivi un programme de développement personnel axé sur la confiance en soi et la communication, elle a réussi à surmonter ses peurs et a finalement rencontré l'amour de sa vie.

48. Thomas était un artiste talentueux, mais il avait souvent du mal à canaliser sa créativité et à produire régulièrement de nouvelles œuvres. Grâce à des techniques de visualisation et de méditation, il a réussi à surmonter ses blocages créatifs et à trouver l'inspiration dont il avait besoin pour créer une série d'œuvres qui ont été exposées dans une galerie d'art prestigieuse.

49. Marie était une athlète professionnelle qui avait connu une série de blessures qui l'avaient empêchée de performer à son niveau optimal. Après avoir travaillé avec un coach de développement personnel, elle a appris à mieux gérer son stress et à se concentrer sur son bien-être physique et mental. Elle a finalement repris l'entraînement et a remporté une médaille d'or aux Jeux olympiques.

50. Sophie était une personne très anxieuse et avait du mal à gérer ses émotions au quotidien. Elle avait toujours été comme ça, mais cela avait empiré avec le temps, au point où elle se sentait souvent paralysée par ses peurs et ses doutes.

    Un jour, Sophie a décidé de prendre en main sa vie et de se lancer dans une quête d'épanouissement personnel. Elle a commencé par chercher des ressources en ligne, lire des livres sur le sujet, et finalement a trouvé un coach en développement personnel qui l'a aidée à travailler sur sa confiance en soi, sa gestion émotionnelle, et son estime de soi.

    Grâce à son travail acharné et à sa persévérance, Sophie a fini par surmonter ses peurs et ses angoisses, et a pu commencer à vivre sa vie de manière plus épanouissante et sereine. Elle a même réussi à se lancer dans un nouveau projet professionnel qui lui tenait à cœur, et à trouver l'amour dans sa vie personnelle.

Sophie est un exemple de personne qui a réussi à transformer sa vie grâce au développement personnel, en travaillant sur ses points faibles et en mettant en place des changements positifs dans sa vie.

Ces exemples montrent que le développement personnel peut être utilisé pour réaliser une variété d'objectifs, tels que l'arrêt du tabac, le changement de carrière, la perte de poids et l'amélioration des relations. En utilisant des techniques telles que la visualisation, les affirmations positives et la communication efficace, les personnes peuvent atteindre leurs objectifs et réaliser leur plein potentiel.

Voici quelques citations sur le développement personnel :

1. "Le succès est la somme de petits efforts répétés jour après jour." - Robert Collier

2. "Le bonheur ne dépend pas de ce que vous avez ou de qui vous êtes, il dépend uniquement de ce que vous pensez." - Dale Carnegie

3. "Le plus grand secret du succès dans la vie, c'est d'être prêt lorsque l'occasion se présente." - Benjamin Disraeli

4. "Le succès n'est pas la clé du bonheur. Le bonheur est la clé du succès. Si vous aimez ce que vous faites, vous réussirez." - Albert Schweitzer

5. "L'important n'est pas de gagner, mais de participer." - Pierre de Coubertin

6. "La vie est un défi, relève-le." - Mère Teresa

7. "Votre avenir est créé par ce que vous faites aujourd'hui, pas demain." - Robert Kiyosaki

8. "Chaque obstacle est une opportunité déguisée." - John C. Maxwell

9. "La vie n'est pas un problème à résoudre, mais une réalité à expérimenter." -Søren Kierkegaard

10. "La personne qui dit que quelque chose ne peut pas être faite ne doit pas interrompre la personne qui le fait." - Proverbe chinois.

11. "L'épanouissement personnel est un voyage, pas une destination." - Zig Ziglar

12. "Le plus grand voyage que vous puissiez entreprendre est de vivre la vie de vos rêves." - Oprah Winfrey

13. "Le bonheur n'est pas quelque chose de fait. Il vient de vos propres actions." -Dalai Lama

14. "L'épanouissement personnel est le processus de devenir qui vous êtes vraiment." - Carl Rogers

15. "Notre plus grande gloire n'est pas de ne jamais tomber, mais de nous relever à chaque fois." – Confucius

16. "Le bonheur n'est pas la possession de choses matérielles, c'est le sentiment d'être heureux à l'intérieur de soi-même." - Denis Waitley

17."Le secret du bonheur est de trouver quelque chose que vous aimez faire et de le faire avec passion." - Maya Angelou

18."L'épanouissement personnel commence par une décision consciente de changer." – Inconnu

19."La croissance personnelle est une quête continue pour devenir une meilleure version de soi-même." – Inconnu

20."Le développement personnel est un voyage où vous vous réveillez à la beauté de votre âme, à la puissance de votre esprit et à la force de votre cœur." - Steve Maraboli

Voici quelques exemples de personnes qui ont mis en pratique des principes de développement personnel et ont réussi dans leur vie :

1. Oprah Winfrey : Oprah est une personnalité médiatique et entrepreneuse américaine. Elle a été victime de maltraitance pendant son enfance et a lutté contre l'obésité et la dépression, a surmonté des défis tels que l'abus sexuel, la pauvreté et le racisme pour devenir l'une des personnalités les plus influentes et les plus riches au monde. Elle a commencé à pratiquer la pleine conscience et à travailler sur elle-même pour surmonter ces défis. Elle a créé sa propre entreprise de médias et est devenue une philanthrope généreuse. Elle crédite son succès à son travail acharné, sa confiance en soi et sa capacité à se concentrer sur ses objectifs.

2. Tony Robbins : Tony est un conférencier et coach de développement personnel de renommée mondiale. Il a connu une enfance difficile et a été adopté par une famille d'accueil. Il a commencé à pratiquer le développement personnel dès son adolescence et a appliqué les principes qu'il a appris pour améliorer sa vie. Il est devenu l'un des coachs les plus célèbres au monde, a écrit plusieurs livres à succès, et a aidé des millions de personnes à atteindre leurs objectifs personnels et professionnels. Il est devenu un coach en développement personnel

populaire grâce à son livre "Pouvoir illimité" et à ses séminaires en direct. Il encourage les gens à adopter une attitude positive et à se fixer des objectifs ambitieux pour atteindre le succès.

3. J.K. Rowling : J.K. Rowling est une auteure britannique connue pour sa série de livres "Harry Potter". Elle a connu une période difficile dans sa vie, y compris un divorce et des difficultés financières. Elle était une mère célibataire sans emploi et vivant de l'aide sociale lorsqu'elle a écrit le premier livre de la série Harry Potter. Elle a commencé à écrire pour échapper à ses problèmes et a fini par créer l'un des univers de fiction les plus populaires de tous les temps. Elle est maintenant l'une des femmes les plus riches du monde. Elle a surmonté des épreuves personnelles et financières pour devenir l'une des auteurs les plus riches et les plus célèbres de l'histoire.

4. Arnold Schwarzenegger : Arnold a grandi en Autriche et a déménagé aux États-Unis pour poursuivre une carrière de bodybuilder et d'acteur. Il a utilisé sa persévérance et sa détermination pour devenir un champion de bodybuilding, un acteur à succès et plus tard un gouverneur de l'État de Californie.

5. Tim Ferriss : Tim Ferriss était un entrepreneur en difficulté avant de publier son livre "La semaine de 4 heures". Le livre a été un best-seller et a lancé sa carrière en tant qu'auteur, conférencier et investisseur. Il encourage les gens à utiliser leur temps et leur énergie de manière efficace pour atteindre leurs objectifs de vie.

6. Eckhart Tolle : Eckhart Tolle est un écrivain et conférencier de développement personnel allemand. Il a connu une période de dépression profonde dans sa vie et a commencé à étudier les philosophies orientales et à pratiquer la méditation pour améliorer son bien-être émotionnel. Il a écrit plusieurs livres à succès, dont "Le pouvoir du moment présent", et est devenu un conférencier de renommée mondiale.

7. Jim Carrey : Jim Carrey est un acteur et comédien canadien. Il a connu une période difficile dans sa vie, y compris une période de chômage et de pauvreté. Il a commencé à pratiquer la visualisation et à écrire des chèques postdatés pour lui-même pour se motiver à atteindre ses objectifs. Il est devenu l'un des acteurs les plus populaires et les mieux payés d'Hollywood.

8. Brené Brown : une auteure et conférencière américaine qui a étudié la vulnérabilité et l'empathie pour aider les gens à surmonter leurs peurs et leurs doutes.

9. Marie Forleo : une entrepreneure américaine qui a créé une entreprise en ligne réussie pour aider les gens à vivre leur vie de rêve et à atteindre leur plein potentiel.

10. Jay Shetty : un coach de vie et conférencier britannique qui utilise la sagesse ancienne et les techniques de méditation pour aider les gens à trouver leur but et à atteindre la paix intérieure.

11. Mel Robbins : une auteure et conférencière américaine qui a popularisé la technique "5 secondes pour agir" pour aider les gens à surmonter la procrastination et la peur pour atteindre leurs objectifs.

Ces personnes ont toutes appliqué les principes du développement personnel à leur vie et ont réussi à atteindre leurs objectifs personnels et professionnels. Leurs histoires inspirantes montrent que le développement personnel peut être une force puissante pour le changement et la croissance personnelle.

12. Jack Ma : le fondateur d'Alibaba, l'une des plus grandes entreprises de commerce électronique au monde, est connu pour son utilisation de la méditation et du Tai Chi pour gérer le stress et prendre des décisions éclairées.

13. Yu Dan : une auteure chinoise qui a écrit "Confucius from the Heart", une interprétation moderne de la philosophie de Confucius, qui a aidé des millions de personnes à trouver la sagesse et la force intérieure.

14. Haruki Murakami : un écrivain japonais connu pour ses œuvres de fiction existentielle, utilise la course à pied pour se libérer l'esprit et trouver l'inspiration pour écrire.

15. Vishen Lakhiani : un entrepreneur malaisien qui a fondé Mindvalley, une entreprise de développement personnel en ligne qui vise à aider les gens à atteindre leur plein potentiel.

16. Deepak Chopra : un médecin indien, auteur à succès et conférencier, qui a popularisé la médecine holistique et la spiritualité pour aider les gens à atteindre un état de bien-être physique, émotionnel et spirituel.

Ces personnalités asiatiques ont toutes appliqué les principes du développement personnel à leur vie et ont réussi à atteindre le succès personnel et professionnel grâce à leur pratique. Leurs histoires sont une source d'inspiration pour les personnes qui cherchent à utiliser le développement personnel pour atteindre leurs objectifs.

17. Chimamanda Ngozi Adichie : une auteure nigériane qui a écrit des œuvres de fiction à succès telles que "Americanah" et "Purple Hibiscus". Elle est également connue pour ses discours TED sur le féminisme et l'identité culturelle.

18. Nelson Mandela : un homme politique sud-africain qui a été emprisonné pendant 27 ans pour son opposition à l'apartheid. Après sa libération, il est devenu le premier président noir d'Afrique du Sud et a mené une réconciliation nationale réussie après des décennies de division raciale.

19. Lupita Nyong'o : une actrice kenyane qui a remporté un Oscar pour son rôle dans "12 Years a Slave". Elle est également une militante pour les droits des femmes et la représentation des minorités dans l'industrie du cinéma.

20. Aliko Dangote : un homme d'affaires nigérian qui est le fondateur et président de Dangote Group, l'une des plus grandes entreprises d'Afrique. Il est également connu pour son philanthropisme et son engagement à améliorer les conditions de vie en Afrique.

21. Wole Soyinka : un écrivain et dramaturge nigérian qui a remporté le prix Nobel de littérature en 1986 pour son engagement en faveur de la justice sociale et de la liberté d'expression.

22. Fairuz : Née au Liban, Fairuz est une chanteuse et actrice populaire dans le monde arabe depuis plus de 50 ans. Elle est connue pour ses performances poignantes et ses chansons politiquement engagées qui ont inspiré des générations de fans.

Ces personnalités africaines et arabes ont toutes utilisé le développement personnel pour atteindre leurs objectifs personnels et professionnels. Leurs histoires sont une source d'inspiration pour les personnes qui cherchent à utiliser le développement personnel pour surmonter les défis et atteindre leur plein potentiel.

En résumé :

Le développement personnel est un processus qui vise à améliorer la qualité de vie en travaillant sur soi-même. Il se concentre sur les domaines clés de la vie, tels que la santé, les relations, le travail et le temps libre, et utilise diverses techniques, telles que la pleine conscience, la visualisation et l'affirmation de soi.

Pour atteindre l'épanouissement personnel, il est important de commencer par prendre conscience de ses propres pensées et émotions, ainsi que de ses objectifs et aspirations. Ensuite, il est nécessaire de développer des habitudes positives et de s'entourer de personnes qui vous soutiennent et vous encouragent.

Les conseils du développement personnel sont adaptés à tous les domaines de la vie, des relations amoureuses aux temps libres en passant par le travail et la retraite. En utilisant les techniques et les habitudes positives recommandées par les experts en développement personnel, chacun peut atteindre un niveau plus élevé de bonheur et de satisfaction personnelle.

Références bibliographiques :

1. "*Les 7 habitudes de ceux qui réalisent tout ce qu'ils entreprennent*" de Stephen Covey
2. "*Pouvoir illimité*" de Tony Robbins
3. "*L'homme qui voulait être heureux*" de Laurent Gounelle
4. "*Réfléchissez et devenez riche*" de Napoleon Hill
5. "*Le pouvoir de l'instant présent*" d'Eckhart Tolle
6. "*Comment se faire des amis*" de Dale Carnegie
7. "*Le secret*" de Rhonda Byrne
8. "*La Magie de voir grand*" de David J. Schwartz
9. "*Le Miracle Morning*" d'Hal Elrod
10. "*Les 4 accords toltèques*" de Don Miguel Ruiz.

TABLE DES MATIERES

Printed by Books on Demand GmbH, Norderstedt / Germany